全行业职业技能教育与训练的基础 · 传承 70 年的经典教程

日本产业训练协会 · 中外 TWI-MTP 推进研究会指定教材

日产训版 TWI-JI/JM/JR/JS（4J）
学员练习手册合集

主　编　谢小彬

副主编　高志明　徐小田　曹明新　史向辉
景文学　王菲菲　张晓辉　马清海
刘佑明　冯　雷　方谊勇　陆荣华
叶　晓　颜文超　徐　剑　蔡　锦
吴鸿远　廖衍明　罗小强　张小伟
张　皓　廖为庆　张冬生　陈建龙
赵兴元　丘丽萍　刘　一　刘俊艳
俞世洋　朱冬玲　林　海　周得良
周　东　刘小川　柳　旸　杨春雷
李景山　陈　辉　周亚军　江美平
丁广林　邓家飞　杜北夫　崔　聪
山口和人　府川亮一

中国人民大学出版社

· 北京 ·

图书在版编目（CIP）数据

日产训版 TWI-JI/JM/JR/JS(4J) 学员练习手册合集 / 谢小彬主编；高志明等副主编. -- 北京：中国人民大学出版社，2022.7

ISBN 978-7-300-30802-9

Ⅰ. ①日… Ⅱ. ①谢… ②高… Ⅲ. ①企业管理－职工培训－手册 Ⅳ. ①F272.921-62

中国版本图书馆 CIP 数据核字 (2022) 第 120335 号

日产训版 TWI-JI/JM/JR/JS（4J）学员练习手册合集

主　编　谢小彬

副主编　高志明　徐小田　曹明新　史向辉　景文学　王菲菲　张晓辉　马清海　刘佑明　冯　雷　方谊勇　陆荣华　叶　晓　颜文超　徐　剑　蔡　锦　吴鸿远　廖衍明　罗小强　张小伟　张　皓　廖为庆　张冬生　陈建龙　赵兴元　丘丽萍　刘　一　刘俊艳　俞世洋　朱冬玲　林　海　周得良　周　东　刘小川　柳　旸　杨春雷　李景山　陈　辉　周亚军　江美平　丁广林　邓家飞　杜北夫　崔　聪　山口和人　府川亮一

Richanxun Ban TWI-JI/JM/JR/JS（4J）Xueyuan Lianxi Shouce Heji

出版发行	中国人民大学出版社		
社　址	北京中关村大街 31 号	邮政编码	100080
电　话	010-62511242（总编室）		010-62511770（质管部）
	010-82501766（邮购部）		010-62514148（门市部）
	010-62515195（发行公司）		010-62515275（盗版举报）
网　址	http://www.crup.com.cn		
	http://www.1kao.com.cn（中国 1 考网）		
经　销	新华书店		
印　刷	唐山玺诚印务有限公司		
规　格	210 mm×285 mm　16 开本	版　次	2022 年 7 月第 1 版
印　张	13	印　次	2023 年 5 月第 2 次印刷
字　数	226 000	定　价	35.00 元

版权所有　侵权必究　　印装差错　负责调换

题　词

TWI 和 MTP 培训教程从 1998 年起由中国企业联合会引入中国，十几年来收到很好效果，培训出很多优秀的企业实用人才。这两套教材的最大特点是坚持科学管理和注重发挥人的积极性和创造性。我国企业管理现代化水平随着 30 多年的改革开放有了很大提高，但在经济全球化的时代，不断学习国外先进经验仍是十分必要的，希望 TWI 和 MTP 培训教程的公开出版发行，能为我国培训出更多优秀企业管理实用人才发挥作用。

寄 语

20世纪80年代初我去日本访问期间，在了解日本经济腾飞的宝贵经验时，日本政府有关人士向我们介绍过，TWI-MTP管理基础培训教程在日本经济成长过程中培养了众多管理人才，这一点，回国后我曾在著作中提及。

1996年1月，我率团去日本参加谢小彬博士策划的“中国市场开拓研究会”首届研讨会，介绍了中国企业管理协会及强调在中国经济发展中扩大各领域对外合作的重要性，并有幸接触到日本产业训练协会。1997年11月，袁宝华会长和我一起赴日，与日本产业训练协会签署了引进TWI-MTP教程的十年合作协议，并搭建了“中日经营合理化推进中心”这个合作平台，开始推动这两个经典培训教程在中国的发展。

20年来，在各种培训项目层出不穷、此起彼落之中，TWI-MTP教程始终一枝独秀，被用于专心培养企业内部的兼职资格讲师达1 200余人，间接培训企业各级管理人员十万余人，也为中国的经济发展做出了一点贡献。

“无意插柳柳成荫”。他山之石，可以攻玉，以我为主，博采众长。中国特色的市场经济需要大量的企业管理人才，我相信，作为为管理人才成长服务、被众多一流优秀企业选用、已经受了70年考验的TWI-MTP管理基础教程，一定也会在中国继续发扬光大，得到更多企业的肯定和充实完善！

中国企业联合会名誉会长 張彦宁

2017年3月

前　言

TWI（Training Within Industry）作为培养企业主管的经典培训之一，在第二次世界大战中由美国政府战时人力资源委员会（War Manpower Commission, 略称WMC）开发成型，曾在美国产业界取得巨大成就。第二次世界大战结束后由美国政府介绍到日本，为日本企业通过尊重人性推行标准化作业和全面质量管理打下了坚实基础，也对日本产业界的发展做出了不可磨灭的贡献。普及 TWI 的 JI/JM/JR/JS 四个模块必须有一套具有标准性和权威性的训练指导员手册和学员练习手册（各 4 册，合计 8 册），其中除 JS（工作安全）是 1968 年在日本开发外，其他 3J 包括卡片在内的主要内容 70 多年来基本未改变过（学员练习手册在中国主要是把跟踪活动指导内容和学员练习资料表格等放在一起，保证了企业导入时的标准化流程）。

一般社团法人日本产业训练协会（日产训）成立于 1955 年，作为日本政府指定的培训民间企业 TWI 训练指导员的唯一机构，按照训练指导员手册和学员练习手册实施培训，已培养出 20 000 多名训练指导员，至今仍在继续。TWI 培训在日本 70 多年来经久不衰，通过一线主管严格培训每一个员工，为日本企业培养出一大批优秀管理人才，间接受训者超过 1 000 万人，奠定了日本制造业在全球的领先位置。毋庸置疑，TWI 培训在全世界范围内都具有巨大的存在和推广价值。

日本 70 多年的 TWI 培训史告诉我们，通过政府的立法和预算支持，培育地方政府职业训练机构的训练指导员、加强中小企业的 TWI 基础培训，通过日本产业训练协会的社会办班指导、培育各行业大中企业内的训练指导员，这种做法是行之有效的，对日本制造业和服务业企业制造、提供世界一流的产品及服务起到了关键作用。长期以来，TWI–JI 的工作分解等内容是日本国家公务员相关资格考试的内容之一，这对日本企业长期坚持 TWI 培训奠定了良好的普及扩大基础。

在日本与 TWI 同时展开的企业管理培训项目还有 MTP 教程（Management Training Program），这两个培育企业管理人才的著名教程（合计 5 个模块即 JI/JM/JR/JS+MTP）长期分别被安排在两个不同层次员工（现场和中高层）中培养和训练管理者。在大企业层面通常由生产部负责实施 TWI 教程，人事部负责实施 MTP 教程，这种做法虽然在安排培训经费上有合理因素，但忽略了这两个教程的高度同源性与密切关联，也不利于一开始就同时对现场管理者全面展开。

2016 年 7 月 2 日，由日产训中国代表机构上海能盟企业管理咨询有限公司牵头，组织成立了“中外 TWI–MTP 推进研究会”（日产训中国），目的就是通过全部公开出版 TWI–MTP 培训训练指导员（讲师）手册和学员练习手册（共 10 册），与不断发展扩大的线上学习方式结合，与时俱进，同时普及和扩大 TWI–MTP 培训，使中国的制造业和服务业早日进入世界一流水平。为了强化 MTP 教程出自 TWI 教程，实际上就是多年以来长期推动 TWI 教程落地的跟踪教程这一事实，我们在新版 MTP 教程的 6 单元本教材中强调了 TWI 教程的存在，补充了 TWI 卡片内容；同时也在本书中补充了 MTP 教程中有关需求管理的部分内容，为长期导入 TWI–MTP 训练的企业提供了如何把现场管理者掌握的 TWI 技能上升为良好行为习惯的基本管理手法。

我们期待本书的公开出版，能进一步强化 TWI 和 MTP 这两个教程的紧密关联，在 TWI-MTP 系列教材中文版发行总量已超 11 万册、相关师资资格者超 2 000 人次的新起点上，希望 TWI-MTP 教程全部五个模块能普及更多的职业院校，为企业为社会培养更多优秀的后备管理人才。本书的再版得到各位副主编和中国人民大学出版社李宏老师和王强老师的长期支持，谨致以衷心感谢！

本书主编：谢小彬

2022 年 2 月

目　录

学员练习手册

TWI 的发展简史

一、美国的 TWI 训练体制

1.TWI 训练教程在美国的导入背景

TWI 现场管理技能训练教程，即 TWI 培训，是美国在第二次世界大战中开发并普及的。至大战结束前，在美国接受过 TWI 培训的第一线管理人员超过 200 万人，他们对战时的美国产业界产生了巨大影响。第二次世界大战结束之后，英国和日本都陆续导入了 TWI 培训，发展和普及极为迅速。在中东地区、印度和东南亚地区，TWI 培训亦有一定程度的普及。

1940 年，德军攻占巴黎，第二次世界大战进入了新的阶段，美国也进入了临战体制。为了强化战时的生产体制，美国国防委员会认为需要在企业中制订训练员工的计划。这就是 TWI 培训计划的开始。TWI 培训的主要策划者是为美国国防委员会出谋划策的顾问委员会中负责劳动雇用咨询的委员 S.Hillman。

TWI 培训最初考虑的事情有以下三件：

① 对目前掌握技能的人员进行调查，明确未就业人员和不熟练者的技能程度。

② 在企业外进行训练（Training outside of industry）。

③ 在企业内进行训练（Training within industry）。

在③中，要求提高员工的知识与技能，培养技能工和现场管理人员。因此，在企业的内部训练中，这自然就成为重要项目。虽然 Training within industry 是一般用语，但之后逐渐以培训现场管理人员为中心展开，TWI 也就成了训练现场管理者的代名词。

随着训练领域逐渐清晰明确，TWI 培训基本划分为两个主要内容，其一是培养现场管理者管理技能的三个项目（Job Instruction “工作指导”，Job Methods “工作改善”，Job Relations “工作关系”），其二是以培训担当者为对象的训练计划项目（Program Development Institute=PDI）。

2. 自始至终由政府主导

回顾美国开展 TWI 培训的过程，我们不难看到这首先是国家对如何应对战争之准备工作的重要一环，完全是政府行为，目的十分明确，就是要打赢这场战争。从 1942 年 4 月设立战时人力资源委员会（WMC）开始，TWI 本部就设立在其中的训练局（位于华盛顿）。开始时的正式员工有 45 人，负责向各地进行支援的辅助员工 10 人。主要工作是：决定实施方针，与各方面协调，制作训练课程，进行统计调查，提交活动报告，发行 TWI 资料，领导各地区的活动等。截至战争结束前的 1944 年，专门从事普及 TWI 培训的国家公务员总人数已经达到 415 人。

特别值得一提的是，除了国家公务员之外，许多产业界人士业余自愿参加到这项工作中来。这也是受当时开发 TWI 训练项目的理念即“为了产业，用产业自己的力量，在产业之中”的影响。为取得更大的实施效果，国家组织中的其他机构也给予了很大支持。比如美国教育部派人一起参加 TWI 总部的活动，在开展各项普及活动中，两个部门三次共同发布文件，当时美国教育部投入到 TWI 活动中的总预算和 TWI 本部的预算几乎是相同的。

以上提到的政府组织的普及活动，当然是在对当时的企业现状进行大量调查之后，根据企业的合理需求安排的。从 1940 年开始的对美国国内各类企业的调查结果表明，在所有的工厂中，现场管理者都在为“如何教员工”而忙得不可开交，毫无疑问，这些现场管理者需要一定的支援和指导。当时，可以得到外部支援的企业最多只有 5%，而其余 95% 的企业，只能在工作现场中去教，除此之外没有其他方法。

3.TWI 训练教程的制作与定型

战争期间，美国政府分秒必争，短时间内制作了完整的 TWI 训练教程，其基本构架，至今仍几乎没有变化，这是美国对全世界的巨大贡献。JI（工作指导）在 1942 年 4 月完成，1943 年 2 月完成了 JR（工作关系），同年 7 月完成了 JM（工作改善），9 月完成了 PDI（训练计划推动方法）。工作指导中的指导方法，最早可以追溯到 1917 年，由于相关人员知道其基本原则和方法，因此总结出一套针对现场管理者的教程并不十分困难。工作改善的基本手法在泰勒时代的生产管理中已经加以运用，相关人员对此比较熟悉。困难的是 JR（工作关系），虽然基本研究已经在 1930 年代的美国社会学界的实证产业社会学中得到检验，但有不少内容还停留在经验者的体会和尝试之中，几乎完全是一个未开拓的领域。工作关系教程的定型化工作，花费了更多的时间。

二、日本的 TWI 训练体制

1.TWI 训练教程在日本的导入背景

1949 年，第二次世界大战结束刚满 4 年，TWI 训练教程就被导入日本，劳动省有关机构开始了漫长的 TWI 推广活动。TWI 训练在美国导入的目的非常明确，就是为了打赢战争，所以战争结束后的 1945 年 9 月战时人力委员会 (WMC) 宣告解散，与 TWI 相关的推动组织也随之解体。虽然在战争期间轰轰烈烈，但是战争一结束，这项工作随即从政府层面消失，之后也未见有正式的政府组织继续从事推广的工作。

在日本则完全不同，当时的日本正处于战后重建时期，到处是一片废墟。迅速恢复经济是首要课题。美国占领军当时对日本产业界提供了三套培训教程，即对经营层的 CCS 讲座，对中高层管理者的 MTP 教程，对现场管理者的 TWI 教程。这三套教程均对日本经济的复兴做出了巨大贡献。

2. 立法与政府主导是关键

1951 年—1970 年的 20 年间，日本产业界对 TWI 训练的需求一直十分旺盛，这与日本政府和国会不断修正与 TWI 相关的法律密切相关。TWI 从政府逐渐走向民间，经久不衰，其中，立法与政府主导是关键。

二战后的日本从封建的管理模式转换到全新的产业民主主义管理模式，面临着许多困难。日本企业的众多现场管理人员需要专门的技术知识、专门的技能、关于一般教养和责任的知识，同时需要有一整套现场管理技术训练的实施计划，而所有这一切，在 TWI 训练教程导入日本之前，都显得十分凌乱和不足，需要从头开始。日本劳动省如果要在行政部署中导入 TWI 训练体系，需要有法律根据。当时的职业训练（或称职业辅导）是在日本《职业安定法》中提及的，其中第 30 条规定，劳动大臣对工厂和企业进行的职业训练要提供援助。可是，援助什么、如何援助并没有具体规定。1949 年 5 月修订后的《职业安定法》第 30 条规定如下：

劳动大臣除了根据劳动基准法所规定的技能培训之外，为需要对指导员工的现场管理者实施作业训练的工厂和企业提供技术援助，可以设置经过特别训练的辅导员并制作必要资料。

劳动大臣除了各工厂和企业根据劳动基准法所规定的技能培训之外，当各工厂和企业为了使员工能最有效地发挥其劳动力，对在现场指导管理员工的班组长和指导员，制定能够学习掌握指导管理所必需的知识与技能之计划，在实施之际，根据他们的要求，对派遣辅导员和提供资料等必要事项，必须进行援助。

劳动大臣对前项所规定的技术援助，可以把其中的一部分委托各都道府县的知事进行。

根据这项法律，在日本中央职业安定审议会中任命了专门的调查委员会，并由该委员会设立了职场辅导部门（即 TWI 部门），在委员会的成员中，有学界代表、雇主代表、工会代表等。这里的关键词“职场辅导”，就是 TWI 的代名词。在职场辅导部门中，根据需要又设立了专门检讨和制作预案的小委员会。

当时日本没有一人具有 TWI 的知识和经验，即便是美国派遣军中负责此项事务的官员，也不大清楚具体实施的内容和步骤，后来在美国曾参与和负责实施这项活动的专家来日本传授有关 TWI 的内容，劳动省花了大量的精力和时间来编译教材和试行。

法律改订之后，指导 TWI 训练有了具体内容，培养公务员中的训练指导员也就成了当务之急，至 1950 年年底，35 名公务员作为 TWI 训练指导员被派遣到各都道府县政府专门从事 TWI 的训练指导工作。此时工作指导（JI）的训练指导员手册日文版已经编成，工作改善（JM）的训练指导员手册日文版也于 1950 年 9 月完成，至 1950 年年底，在日本全国已经使用国费培养出 543 名 TWI 训练指导员，接受这些训练指导员 TWI/JI/JM 10 小时培训的各行业受训者总数达到 15 975 名，采用 TWI 训练的各行业工厂和企业总数达到 137 家。

从 1951 年 1 月开始，经过美国专家近一年的专门指导，TWI 训练的质量大幅度提高，TWI 训练的标准化和体系化也得到充分肯定和落实。其中，训练指导员制度是一个关键举措。TWI 的 3 个模块（之后由日本产业训练协会补充了“工作安全”，成为 4 个模块）均为对现场管理者（即现场主管，如班组长等）的 10 小时训练，能够实施 10 小时训练的人必须持有必要的资格，如他们必须接受 6 天约 43 小时的 TWI 训练指导员课程培训，经测试合格取得资格后才能被派遣到各工厂实施 10 小时 TWI 技能培训。

培训 TWI 训练指导员的是 TWI 高级培训指导员，他们必须熟悉 TWI 的所有模块教程，同时有实施 10 小时训练的丰富经验，他们的任务是能够具体实施 6 天 TWI 各项目培训教程，制作跟踪培训体系，实施初期的导入计划，指导制作导入 TWI 各项目的训练计划等。除了培养一定数量的 TWI 高级培训指导员，全面指导这项工作，还需要在政府部门的高级公务员中培养数名特别指导顾问。1952 年 6—8 月，由美国陆军部和日本劳动省分担经费，第一批日本政府劳动省所属的 TWI 特别指导顾问产生，他们的名字是：小川贤治、宫崎嶷、小林正夫。政府主导的 TWI 培训活动自此迈上新的台阶。

在 1949 年 5 月第一次修订《职业安定法》第 30 条约 2 年 5 个月后，即 1951 年 10 月，日本政府又一次修订《职业安定法》第 30 条，规定如下：

> 在职业安定局中设立 TWI 高级培训指导员和现场管理者训练指导员，在都道府县政府中设立现场管理者训练指导员。
>
> 劳动省及各都道府县派遣上述专门职员去各企业，培养各企业的训练指导员进行跟踪指导，培训现场管理者，并提供必要的资料。
>
> 对各企业的训练指导员，在培训班结束后，对经实地检定合格者，授予劳动大臣署名的资格认定书。无资格者不能进行训练指导员和现场管理者的培训工作。
>
> 所有的现场管理者训练指导员都必须严格按照讲师手册进行训练工作。

这样，日本政府不仅在立法程序上确立了 TWI 培训的地位，同时通过任命 3 个特别指导顾问，全面完善了 TWI 的官方指导体制。

1949 年—1954 年的 5 年中，TWI 训练在日本从无到有，迅速发展，至 1954 年年底，已经培养了 TWI 高级培训指导员 66 人、现场管理者训练指导员 4 425 人，为政府和民间各企业培养的现场管理者总数达到 339 378 人。

3. 从政府逐步转向民间——日本产业训练协会的建立

1955 年，在日本政府劳动省和通产省推动下，日本经济团体联合会（当时是日经联）组织成立了社团法人日本产业训练协会（以下简称日产训）。日产训的成立，使 TWI 和 MTP 培训从政府部门走向民间，日产训主要负责对大中企业的 TWI 培训，而劳动省和各都道府县主要对中小企业的 TWI 培训提供援助服务。

近 5 年的 TWI 训练普及工作，提高了日本企业对 TWI 培训的认知度，同时，训练的良好效果也使企业有了自觉导入的愿望。劳动省开始计划把 TWI 训练项目逐渐转交给民间。劳动省在 1956 年废止了负责 TWI 行政服务的职业安定局，并把配置到各都道府县的 70 名 TWI 专门职员（现场管理者训练指导员和 TWI 高级培训指导员）减少至 17 名，而日产训的 TWI 训练普及工作开始不断扩大。

但是，中小企业对 TWI 训练的需求仍不断扩大，日本战后飞跃发展的第一次高潮期神武景气（1955—1957 年），出现了熟练工不足等情况，要求行政方面积极对应职业训练领域。1958 年 7 月，《职业训练法》开始实施，分为公共职业训练（职业辅导）、企业内的职业训练、技能鉴定三大领域。其中对现场管理者的训练属于企业内的职业训练，与技能训练分离。《职业训练法》第 20 条规定如下：

> 都道府县和劳动福利事业团，根据雇主申请，对其实施的对技能劳动者的追加训练、再训练及对现场管理者训练等，须努力给予以下援助：对上述职业训练，派遣受过特别训练的职业训练指导员。提供教科书、教材等与职业训练有关的资料。根据委托自行实施上述职业训练，对前三项以外的内容，提供必要的支持。

新的《职业训练法》（职训法）和前述《职业安定法》（职安法）有以下几点不同：

职安法时援助是由劳动大臣牵头，而职训法时改为由各都道府县和劳动福利事业团去做，体现了权力的下放。职安法时是必须援助，而职训法时改为努力支援，支援者的责任被减轻。职安法时只有 TWI 一个内容，到职训法时，随着时代的发展，已有数种内容，TWI 训练成为其中之一。

职安法时规定了现场管理者的训练方式和支援方法的实施细则，职训法时在法令上已没有具体实施条例，而用通知等来进行其法律解释和实施内容等。

劳动大臣亲署的资格证书的交付，也改为由各都道府县的知事交付，并逐渐变成对参加资格训练者发结业证书的形式。这说明随着市场经济的深化，政府逐渐放松各种行政指导，TWI 训练交给有条件的企业自己去做，而对于广大中小企业，一直给予大力支持。

4.TWI 训练第四模块——工作安全（JS）的确立

工作安全的英文名称为 Job Safety（JS），通常也被称为 TWI 训练的第四项目。美国在战争期间并未开发 JS 教材，英国劳工部曾经开发过 JS 教材，把它作为 TWI 训练的一部分向企业推广并给予支援。

日本的工作安全训练项目 1968 年由日产训开发，工作安全教程由日产训直接保有著作权。开发 JS 模块的参考基础教程是：在日本进行的安全教育，TWI 训练的 3J 即前三个模块（JI“工作指导”、JM“工作改善”和 JR“工作关系”），以往在日本实施过并已定型的安全训练定型教程，英国劳工部编写的有关职场安全的讲师手册等。

在开发工作安全教程的过程中有过多次研讨，最终明确了以下方针：

① 虽然同样是 10 小时的定型训练，基本定位成对 TWI 其他三教程的复习训练。

② 能够确实在职场实行。

③ 明确本教程不是对灾害的事后处置，而是事前对策。

④ 内容以解决问题为中心，采取 JR 的形式。

⑤ 符合日本的实际情况。

其中第 ④ 项提到的采取工作关系（JR）的形式，具体来说就是，卡片参考了工作关系（JR）处理现场问题的 4 阶段法，训练进行的方法也与工作关系（JR）的方法基本相同。所参考的英国劳工部编制的讲师手册，其背景也是英国当时已具有一定的安全意识，而日本还几乎没有。比如当时每年的灾害死亡人数，英国是约 700 人，而日本是约 6 000 人，按照人口比例进行修正，日本是英国的 4 倍左右。

工作安全（JS）介绍到日本产业界 50 余年来，一直受到产业界的热烈欢迎，从参加训练的人数看，不逊色于 TWI 的其他三个项目。

如今在日本进行 TWI 训练的机构主要是劳动省所管的雇用促进事业团、各都道府县政府的有关部门、雇用问题研究会和日产训，基本上仍然是以政府的主导为中心，逐渐下放到有政府背景的民间社团法人机构。

1969 年 7 月对《职业训练法》进行修订，主要修订点是针对过去分成两个部分的公共职业训练和企业内的职业训练建立新的共同训练基准，并分为育成训练和提高训练两个阶段，扩大了职业训练的范围。TWI 训练作为法定训练，在该法第 8 条中被指定为提高训练中的一部分（相当于该法修订前第 20 条的训练内容），据此也同时确定了 TWI 培训在日本职业训练中的位置。

这一点也符合日本劳动省把 TWI 向中小企业进一步普及的意向，包括对其他项目的提高训练、再训练等，即有计划地推动成人教育，继续积极培养 TWI 训练指导员（这一工作从未停止）。TWI 实施体制的政府立法背景，以及 TWI 训练的相关内容（如 JI“工作指导”中的工作分解等）长期被编入国家公务员资格之一的“职业训练指导员”考试内容，对民间机构和企业自主推动 TWI 训练活动起到了不可低估的促进作用。

三、TWI 在中国的导入与推进

1. 启蒙准备期：1997 年—2007 年

1996 年 1 月，本书主编在介绍中国改革现状的东京国际会议上接触到日产训，当时协会负责人野边二郎先生主动介绍了 TWI 和 MTP 这两个教程，并表示有意愿将这两个教程介绍给中国。1997 年 11 月 11 日，日本产业训练协会和日本 JEMCO 公司一起，与中国企业管理协会（现中国企业联合会），分别由中国企业管理协会会长袁宝华先生（原中国国家经济委员会主任，党组书记）和日产训会长河毛二郎先生（原日本王子制纸董事长）签署了十年合作协议，共同携手将 TWI 和 MTP 这两个教程及其他企业管理改善教程一起介绍到中国。这就是 TWI 教程进入中国的开始。

1998 年 10 月 13 日，中国企业管理协会专门发出 1998［55 号］文件，成立了专门推动实施 TWI-MTP 培训的中日经营合理化推进中心，并建议首先在进入中国的外资企业特别是日资企业中开展 TWI 和 MTP 培训活动。

1999 年—2002 年，基本完成了 TWI/JI/JR 两个项目的讲师和学员教材的编译工作。

在中国第一次实施的 TWI/JI/JR 10 小时培训，是 2001 年在天津某合资企业公司内进行的，日产训的佐古讲师（已故）和末永讲师分别培训了 90 名班组长，15 人一个班，分为 6 个班，每次 3 天共 18 天。对于培训前和培训后的变化，做了跟踪问卷并留有记录。这次培训对于解决当时现场存在的各种问题，取得了明显的效果。

在启蒙准备期的近十年中，由于我们对 TWI 培训认知不足，虽然组织了几次说明会并对数家企业进行培训，但直至十年合作期满，培育 TWI 训练指导员的 TWI-TTT 培训却始终没有开展起来。中日双方对日产训享有明确著作权的 MTP 合作培训基本满意，共举办了 5 期 MTP-TTT 班和多次普通培训班、多次洋上研修等项目，但在 TWI 项目上，由于 TWI 著作权是日本政府所管项目，对中方并无明确的著作权转让方式，当时我们在中国也没有进行著作权登录，十年合作仅以留下了一批经过初步整理的 TWI 教材而告一段落。

2. 导入尝试期：2008 年—2012 年

2007 年 11 月，日产训开始在中国寻找新的合作伙伴，希望美国和日本的 TWI 训练的成功经验能够在中国引起重视，并希望能够在企业现场班组长的管理层面把 TWI 培训教程作为有效的训练项目加以普及。此时，我们面临的最大问题仍然是中国并没有多少人知道这个教程，我们还需要做大量的普及宣讲工作，以便使包括政府有关部门在内的各界人士，能够知道和理解这项普及工作需要更多人一起去完成。

上海卓制商务咨询有限公司是日本产业训练协会在中国民间的第一个合作伙伴，卓制是一家年轻的公司，2008年—2012年，卓制公司在日产训中国的代表机构上海能盟的支持下，在中国多个城市举办了多次TWI高峰论坛，向近10 000名制造业经理人宣传了TWI的理念。TWI已经被越来越多的中国制造业经理人知晓，企业认识到TWI培训所能带来的好处，开始了解到企业通过TWI培养一线主管是一个便捷、有效的途径。

在日本产业训练协会推广实施TWI的经验中，由于日产训是非营利性公益组织，其中最重要的工作就是培育TWI训练指导员的TWI/TTT（讲师班），在日产训在中国登录TWI–MTP著作权并公开出版所有教材之前的57年中（截至2012年6月），日产训在日本共举办了JI/TTT 568次，JM/TTT 419次，JR/TTT 506次，JS/TTT 310次，培养了有资格TWI讲师（辅导员）约19 000人次（每个人最大可获得4个模块的资格），具有丰富的经验和标准化的培养程序。因此自2007年年末第一个中国TWI讲师班开班以来，日产训在中国的合作伙伴不断增加，我们和众多的中国民间有志于推广TWI训练的咨询界、培训界同仁一起，分享实施TWI培训的硕果。5年来，我们和各家合作伙伴一起，共举办了32次TWI/TTT培训班，培养了有资格TWI讲师（辅导员）375人次。

从美、日实践来看，TWI训练项目的核心优势就是政府主导，制造业、服务业乃至整个产业界全体响应。TWI是提高一个国家的制造业、服务业整体水平的基础项目，而不是可以随便由某个民间企业推动的项目，比如TWI/TTT培训班课程本身就是为培训公司或咨询公司培养自己的竞争对手，竞争对手越多，推动完全标准化的TWI–MTP课程就越困难，容易陷入相互竞争及难以推动或停滞的局面。因此唯有政府重视，投入国家的资金使广大的中小企业受益，为社会培育人才，提高管理水平，提高产品的品质，由小到大蓬勃发展，更好地促进良性竞争，才能相互促进，相互提高，共同成长。

2009年，中国工业和信息化部中小企业发展促进中心、中国中小企业国际合作协会和日产训再次正式携手合作，共同面对广大中国中小企业开始实施TWI培训事业，使广大中小企业也能分享TWI培训项目的硕果，使中小企业健康成长。中小企业发展促进中心秦志辉主任多次亲临TWI培训现场，发表重要讲话，鼓励各位获得TWI讲师资格的受训者，肯定了TWI培训项目是中国广大中小企业迫切需要的职业技能训练。

2012年，中国中小企业国际合作协会成立了TWI和MTP推进办公室，介绍TWI–MTP培训进入国家主导的国家中小企业银河培训工程项目，并首次介绍由中国人民大学出版社出版TWI–MTP培训教材。这对于推动TWI训练教程在中国发展的老一辈来说，是足以感到欣慰之事。

3. 安定发展期：2013 年—现在

2013 年以后，TWI-MTP 系列著作权教材陆续由中国人民大学出版社公开出版。70 多年来日本产业界的 TWI-MTP 教程不间断训练记录继续受到重视，在中国使用 TWI-MTP 教程培育企业管理人才的实用性同样得到证实，并取得一定的成果。

2013 年—2021 年的 8 年中，TWI-MTP 教材的累计发行总量已达到 11.5 万册，并出齐了全部 10 册。同时，日本产业训练协会首次在中国培育了 5 位 TWI 教程的高级讲师，其中高志明老师和冯雷老师具有 TWI 全部 JI/JM/JR/JS 四个模块的高级讲师资格，共在中国颁发了日产训 TWI/TTT 证书近 1 100 人次。

截至 2021 年年底，20 年来我们共培育了 TWI-MTP/TTT 资格者合计 2 005 人次，通过他们培育的企业一线主管以上的管理者人数超过 150 000 人次，并以此为新的起点，开始新的征程。在这些资格者中，具有全部 5 项 TTT 资格（JI/JM/JR/JS+MTP）的已达到 38 名，名录如下：

谢小彬 高志明 叶 晓 秦发家 朱冬玲 孙逸君 周得良 丘丽萍
千 文 徐 毅 蔡 锦 周天佑 李景山 颜文超 廖为庆 周亚军
陆荣华 张 恒 黄 帧 柳 旸 吴桂秋 张冬生 吴鸿远 王相增
杨春雷 吕济晓 徐 剑 江美平 邓家飞 罗小强 倪稷子 宋 曦
孙 媛 周 东 吴值敬 林炜生 沈长龙 孙友洋

自 2021 年《日产训版 TWI-JI/JR/JM/JS(4J) 训练指导员手册合集》公开出版后，作为向全国近 10 000 家各行业职业院校推出的专版，我们决定继续出版《日产训版 TWI-JI/JM/JR/JS(4J) 学员练习手册合集》，并同时补充追加了 MTP 教程中长期与落实 TWI 跟踪事项有最密切关联的主要内容（线下半天约 3.5 小时）。也可以与线上线下型 TWI-MTP 培训（OAO）结合配套使用，希望能够使中国国内的 TWI-4J 普通班培训的时长在时隔 15 年后重新回归 10 小时课程（每个模块线上 2.5 小时，线下 7.5 小时）的安排。希望使这五个模块紧密结合，线下合计标准训练时间为约 33.5 小时（4.5 天），线上合计标准学习时间为约 14 小时（2 天），并期待新的线上线下混合型课程可以强化线上视频 / 练习题加教材与预习紧密结合，同时坚持传统的线下注重技能掌握程度的长期实践。在全球新冠疫情反复不断的环境变化中，我们会继续摸索推动加快实施企业内训和线上线下混合型课程。

企业导入 TWI 训练教程的要领

一、TWI 训练教程对指导者（主管）的基本要求

1. 作为指导者的觉悟

如果指导者不能经常为具备下列能力而努力，就不能算是一位优秀的指导者。

① 确立指导目的。

如果明确了何时停止、采用何种方法、去指导什么等目标，在指导时就不会发生中途指导内容离题这种事情了。

② 正确地使用指导方法。

无论是知识还是技能，为了让对方能充分地理解，就必须要活用指导方法。TWI“工作指导”在各种各样的指导方法中，是极其有效的指导方法之一。

③ 考虑对方的立场。

考虑学习者的条件（能力、热情、经验等），必须要实施与之相应的指导。

④ 要有耐心。

由于学习者的能力、性格、立场等，可能会出现指导不下去的情况。这时，要像“工作指导”第 2 阶段的细目“耐心地”所说的那样，抑制焦躁情绪，继续指导。

⑤ 让慈爱与严厉并存。

对于指导者来说，如果不严厉，就不能正确地传达要指导的内容。但是正因为背后有对学习者的慈爱，所以学习者才能够忍受这种严厉。

⑥ 要有热情。

指导者有诚意，有积极性，表现热情，会影响学习者的态度，使他认真接受。

⑦ 要谦虚。

指导者如果总是认为自己比被指导者强，自负，对于被指导者和自己都无益处，二者都不会有进步和提高。

⑧ 要有自信。

指导者只有对指导内容有信心，才能够充分发挥自己的指导能力，才能保持指导者的权威。

⑨ 能够随机应变。

在指导中指导条件是会经常发生变化的，如果不能顺应这些变化去指导，就很难达成指导目标。所以，指导者要有足够的洞察力、决断力去顺应变化。

⑩ 持续学习与提高。

如果指导者日常不努力经常提高自己的知识、技能，就不能做出完善的指导。

⑪ 身心健康。

只有身心都健康，才能完成指导者的使命。所以，指导者日常必须充分注意保

持自己的身心健康。

2. 指导者的表现力

在 TWI“工作指导”第 2 阶段的细目中，提到了“讲给他听，做给他看”，关于具体内容，详细说明如下：

关于“讲给他听”

各位主管都有在某些场合必须要讲话的情况，如：①指导部属；②回答部属的疑问；③在会议上陈述意见；④与人交涉等。

那么，让我们来考虑一下讲话这件事。

对此，声音方面有 8 个要素：①或高；②或低；③或强；④或弱；⑤或快；⑥或慢；⑦抑扬；⑧间隔。要根据说话时的不同条件，来使用这 8 个要素。

关于“做给他看”

大家在指导的时候，必须要充分地注意以下方面：①身体的动作如何；②表情如何；③与对方间的位置如何；④注意对方的反应了吗？自己所做的示范作业是否正确？等等。

关于“写给他看”

在黑板或一些纸张上，写文字或画图给学习者看时，必须要注意：①是否清晰；②配置是否合理；③速度是否适当；④有无错别字；⑤有无漏字；⑥是否常用字；⑦是否对专业术语作了解说；等等。

指导者若充分留意上述事项，表现力就会丰富起来，与学习者的沟通也会变得顺利。

3. 指导的基本思考方法

1）学习、帮助的方法。

① 练习的法则。

技能这种东西，越是不断地进行有效练习就越会提高。

② 最初经验的法则。

学习者都能够深刻地领会他最初所学的东西。

③ 印象强度的法则。

越是反复强调指导的内容，就越能让学习者铭记于心。

④ 紧跟的法则。

在做给学习者看之后，要马上让他试做。这两件事的间隔越短，学习者就越容易理解。

⑤ 影响的法则（或效果的法则）。

一次的学习能够引出下一次的学习欲望。

⑥ 不使用的法则（由于不使用技能减退的法则）。

技能这种东西，如果学会后不使用，这种能力就会渐渐地减弱。

2）指导的事前准备越充分，指导的效果就越好。人们常说："八分准备两分工作。"

3）"小组学习"。与单独学习相比，多数人一起学习可以各自比较反省，也可以互相帮助，所以效率高。

4）如果学习者有进取心，就能比被动学习更好地掌握所学内容。即所谓的"主动学习"。

5）以前掌握的知识、技能，有助于新的知识、技能的掌握。即所谓的"联合学习"。

6）按"从易到难"的顺序进行指导。

7）用"一时一事"的方法，不要一次进行多种内容的指导。

8）边观察学习者的反应，边进行合理的指导。

4. 主管要了解部属的实际状态

可以认为部属是主管的手足，即自己的一部分。必须充分理解，只有通过部属的工作才能达成职场的业绩。

如果说部属是自己的手足，那么充分了解部属，了解如何才能有效地发挥部属的能力就变得重要起来了。

了解部属的方法，最好是自问下列问题。

1）部属在职场上尽到职责了吗？

部属的能力、经验、工作态度及心情如何？

2）部属对主管的态度如何？

部属在命令、指导、帮助的接受方面情况如何？

3）部属对职场的适应性如何？

部属的健康、能力、兴趣及与同事的关系等如何？其影响如何？

4）部属对公司（职场）的看法如何？

部属对于工资、工作场所、工作分配、担当的业务、待遇等情况，有何想法？

这些自问适用于 TWI"工作关系"的第 1 阶段的"要掌握全部事实经过"。

这种情况也可以活用"工作现场问题的处理方法"的 4 阶段法。

综上所述，清楚地掌握每一位部属的实际情况，在此基础上就能够进行适当的作业（业务）指导了。对于了解每一位部属的实际情况，TWI"工作关系"能够给予很大的帮助。

5. 职场上让主管头痛的根源（问题）

职场问题中的一个大问题就是，部属对工作没有干劲。

这种情况下，“掌握事实”即了解为什么会变成这样的事实，也就成了发现解决问题的方法的前提了。

部属提不起干劲，可认为有如下原因：

1）目标不明确。

2）有其他担心的事。

3）断定自己做不了。

4）认为即使做了也没有意义。

5）对下一步不抱希望。

6）认为一旦做错了，很不体面。

7）对健康、体力没有自信。

8）用人机制不完善。

9）没有应做的气氛。

10）怕给其他人带来麻烦。

11）需要钱。

12）没空暇。

6. 理想的管理者和主管的特征

作为自己的反省点，主管请经常思考下列项目：

1）具有优秀的组织力	组织性
2）具有对部属的指导能力	指导性
3）具有计划工作的能力	计划性
4）具有专业知识	研究性
5）具有领导力	统率性
6）具有判断力、执行力	机敏性
7）责任感强	自觉性
8）有建设性的行动力	积极性
9）具有主动思考能力	创造性
10）具有资讯的选择及综合利用力	整合性
11）具有身心的持久力	持续性

请各位主管不断地培养这些特性，为提高管理能力而努力吧。

7. 领导力就是指导力

1）领导力。

一般认为领导力（Leadership）就是指导力或是统率力。

指导力正如其文字所示，就是指示、引导的能力，即明确指示大家应前进的“方向（方针）”，带领大家朝那个方向努力的能力。

2）领导力是作为主管的最高条件。

经常听到“发挥领导力”这样的话。在工作现场主管发挥领导力是指，给部属指示“方向（方针）”，鼓起大家的干劲，朝着那个方向努力，使部属采取理想的行动。

3）优秀主管的方法。

主管在自己的工作现场指导部属 / 成员工作时，主管**想让部属做的事，能让他或她在希望的时间，用希望的方法，不是犹豫不决，而是心甘情愿地去做。**

把能使部属达到这种状态的方法，称为优秀主管的方法。这就是好的统率方法，也可以称为优秀主管的原理。优秀主管就是掌握了优秀的统率法，即具备领导力的主管。

二、TWI 训练系统的构成

1.TWI 训练指导员（讲师）手册简介

TWI 是技能训练的课程，也是一门非常标准的课程。其中包括：授课的内容、程序、时间，板书的格式、位置及写与擦；提问的方式，解答的方式；授课中道具的摆放、规定的动作，甚至连授课中训练指导员应该站立的位置都有明确的规定。

TWI 技能训练课程是通过训练指导员按照课程设定的标准内容、程序来进行的，训练指导员应严格遵守手册的内容顺序，不能仅凭记忆授课。

为了让训练指导员能够顺利授课，在各模块的训练指导员手册的前页，均有该模块各讲的目的和要点的提示，训练指导员（讲师）可按照课程的规定及要求授课。日本产业训练协会和中外 TWI-MTP 推进研究会共同拥有中文版 TWI-MTP 教程的所有著作权，中国人民大学出版社在数次出版 TWI 各模块训练指导员手册单行本之后，2021 年公开出版了《日产训版 TWI-JI/JR/JM/JS(4J) 训练指导员手册合集》（定价 500 元），供广大企业使用。与此同时，中外 TWI-MTP 推进研究会（日产训中国）计划结合这套教程和本书，推出 TWI-TTT 各模块的线上课程。

2.TWI 训练教程实施手段探讨

TWI 的原意可理解为企业内部实施的不脱产的培训课程，因此，普通班课程的构成是 5 天每次 2 小时。这样，企业可根据自身的工作时间来安排培训，也不会影响生产。

由于企业并不一定都有自己的兼职训练指导员（讲师），在导入 TWI 训练课程时大多须邀请外部讲师来授课。由于交通、食宿等各种条件的限制，2007 年以来，国内企业通常邀请外部讲师去企业实施 2 天一个模块（授课时间约 14 小时）的授课或参加由中外 TWI-MTP 推进研究会各合作伙伴举办的每个模块各 2 天的公开班。2020 年—2022 年，由于新冠肺炎疫情，所有的企业管理培训项目均受到影响，TWI-MTP 培训也不例外。中外 TWI-MTP 推进研究会（日产训中国）计划加速开发 TWI-MTP 全部 5 个模块的线上模式，全部上线后，会在继续坚持推动传统的完全线下型 TWI-MTP 培训的同时，为企业提供线下线上数字化混合式（online and offline=OAO）培训，并继续探讨、对比各种培训手段的有效性。

多年来，TWI/TTT 课程在日本都是以公开班和企业内训班的形式举办，持续时间各半左右，但在中国，中外 TWI-MTP 推进研究会（日产训中国）证书的 TWI-MTP/TTT 多以公开班为主，大企业的内训班还很少，今后我们也会努力推动大企业的 TTT 内训班。

3.TWI 训练教程的特色

1）定型化，标准化。

2）是通过讨论与实际练习来进行的。

3）与知识相比更重视技能，即比应知更重视应会。

4）讲座浅显易懂，有速效性。把工作方法归纳在卡片上，卡片便于携带，随时可在现场运用。

因此，在 TWI 训练课程的实施中，研习会开始时的气氛相当重要。

在最初 5~10 分钟，训练指导员给学员的第一印象是非常重要的，这时留下好的印象，研习会就很容易进行，否则之后就须付出很多额外的努力。

给学员好的印象是指，与学员之间产生“同调反应”（引起学员的关心，制造出顺利接受的氛围、同感的心情）。当来自学员的“好，作为一名成员，一定要好好地参加这个研习会”的心理的同调产生时，死板的气氛就会一扫而光，就会产生积极的、创造性的氛围。为了在导入时获得这种同调反应，即使是非常老练的人，也要做出相当准备并慎重对待。

下面提供几个有助于研习会顺利导入的参考事项。

手册上所写的“制造不拘束的气氛，使其轻松”，是与训练指导员的态度、语言、肢体动作等有很大的关系的。必须很好地用你说话的样子及声调、热心而轻快的动作，来展示你对这项工作的热衷、对这项工作重要性的深刻认识以及对学员已掌握的知识及经验的充分尊重。

1）训练指导员、学员的自我介绍，对缓和最初的紧张感有很大的效果，应有节奏地、明快地导入。让学员写名牌也非常有助于放松。

2）始终不要造成像在学校教室学习一样的气氛。学员是成年人，如果让他们感到指导员与自己有点像学校的老师与学生之间的关系，他们就会产生反感。要像对待公司中其他的集会一样，面对一个重要课题，集中全员的智慧，为了讨论改善的方法而召开的这个会，应该以和在生产及其他重要集会场合时相同的心情进行。

3）对于训练指导员来说，最重要的事情是对学员的知识、经验的尊重。训练指导员唯一的目的，是帮助学员更有效地活用已掌握的知识和经验。就是由于他们所掌握的知识、经验及熟练度，才被选为一线主管的，因此，他们比任何人都更了解自己的工作。

4.TWI 训练指导员（讲师）认证制度

TWI 对训练指导员具有一定的授课要求，且是具有中日共同著作权的一项课程。目前我国引进的 TWI–TTT 课程，15 年来一直是沿用日产训的规定，即 TWI 训练指导员需要接受经过中外 TWI–MTP 推进研究会（日产训中国）主办并长期连续编号的课程，主讲高级讲师必须具有多次授课经验，并接受过日产训 TWI 高级讲师严格认定；并严格规定每次课程最大定员不超过 12 名，培训时间计 6 天 43 小时。所有合格者的姓名都会按照统一的唯一连续编号被收录到中外 TWI–MTP 推进研究会（日产训中国）官网 www.jitachina.org 和与之联动的微信公众号“上海能盟”里，截至 2021 年年底，中外 TWI–MTP 推进研究会（日产训中国）的 TWI–TTT 认证数据如下：

JIT 共 97 期 878 人次，JRT 共 37 期 338 人次，JMT 共 33 期 297 人次，JST 共 13 期 107 人次，M6T 共 15 期 157 人次，M14T 共 18 期 228 人次，合计为 213 期 2 005 人次。

今后随着导入混合式培训课程，在安排合理的参加人数、线下培训时间和更多线上预习时间的同时，如何确保培训品质，继续坚持和加速普及中国 TWI–TTT 课程，将是我们需要面对和解决的课题之一。

三、现场跟踪指导的必要性

1. 跟踪指导的主要思路

导入 TWI 训练之初，并没把接受各课程（工作指导、工作改善、工作关系、工作安全）的 10 小时训练作为最终目标，在工作现场继续地、积极地、正确地活用训练的内容才是真正的目的。

要使参与训练的主管能够正确地活用训练的内容、技巧，其前提就是他的上司也要接受 10 小时的训练及跟踪指导员讲座，这才是开始跟踪训练（追加指导）的理由。

这种想法的目的是，使参与过各课程 10 小时训练的每一位主管，掌握其内容与技能，并活用到实际工作中去。

第一，参与过 10 小时训练的每个人在理解度及活用度上都存在差异。为了把它提高到一定的水平以上，继续跟踪训练、指导就变得必要了。

第二，10 小时的训练课程都是把作为原则的思考方法及技巧作为训练内容的，把这些活用于现场之后，因各现场的问题点及状况有所不同，这种开展方法就可能会让员工产生疑惑，所以就有必要让上司持续不断地对此进行跟踪训练及追加指导。

第三，即使主管能够正确地活用，并提高了这种技能，也有必要继续关注下去。

综上所述，跟踪训练、指导是必不可少的，也是非常重要的。

那么，由谁、在哪儿、如何去做跟踪训练、指导呢？各位主管的上司必须把它作为自己的职责。而且，这种训练是在现场通过实际工作来进行的。

近年来，正在被职场积极地接受的 O.J.T（on the job training，即“在职场上通过工作进行训练”），就是上司指导部属顺利地完成任务，广义上还包括为将来培育人才。

TWI 跟踪训练、指导的目的是提高主管的能力及培养部属作业员，而这也正是 O.J.T 的目的。

另外，如何去做这种跟踪训练呢？上司在现场通过日常业务，以按个人分别进行训练的做法为主体，根据内容，可以做理解 10 小时讲座内容的补习，或对于活用后的问题点等通过小组的研究、讨论来加深理解，也有先使其在现场上活用，然后边确认结果边进行训练的方法。

通过职务制度的跟踪指导就是指，让第一线、第二线的主管接受 10 小时训练（基础训练），为使第二线主管（各职能科室）能对第一线主管进行追加指导，使其接受跟踪指导员的跟踪训练，之后让其对部属主管进行跟踪指导。这就是所谓的从科室到现场的跟踪训练。

2. 跟踪训练的进行方法

在生产现场进行指导。

职务制度上的直接上司要把跟踪训练、指导部属作为一项日常工作，持续地进行下去。将参与过训练的成员分小组举行研究会、恳谈会，通过分享经验、交换意见、讨论问题等方式来进行跟踪训练、指导。在公司报纸、杂志、小册子上登载训练项目的利用情况、效果实例、问题点、参考资料等，通过各种印刷物来推进现场指导。充分选择提问事项，以反省、督促为目的，通过问卷式调查方法完成。TWI 的四个模块互相关联，利用本学员练习手册合集并结合线上方式，不断强化相关内容，继续加以 MTP 教程有关单元的升级培训，也是做好 TWI 落地和跟踪工作的有效方法。

关于跟踪训练在职场上的相互关系，一般如下图所示：

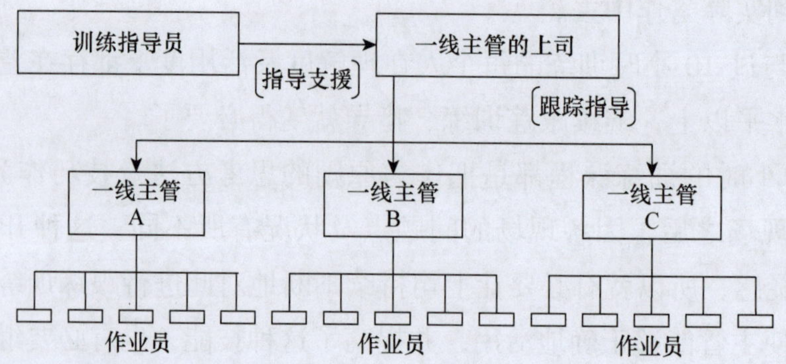

3. 作为 TWI 主要跟踪教程的 MTP 相关内容介绍

前面提到，多年以来 MTP 教程与 TWI 教程在日本企业几乎同时进行，都是连续实施 70 年以上的课程，但是在大企业内通常由两个部门管理这两个教程，即 TWI 由生产部门分管，MTP 由人事部门分管。即并非所有管理者都同时熟悉 TWI 和 MTP 这两个教程，如果一线主管的上司未参加过现场作业，不具有现场作业经验，或没有直接接受过 TWI 所有模块的训练，那么上下级之间就可能对有关 TWI 的知识技能有不同理解，导致现场的跟踪活动难以进行，或使大多数企业只是在导入一个模块后，就匆匆结束了 TWI 训练，这十分可惜。

2008 年—2021 年，我们在全国各地共实施了 180 期 TWI/TTT，其中 JI–TTT 97 期，占 54%，即其他三个模块的总数也没有 JI 一个模块多，也说明导入 JI–TTT 后，大多数企业并没有继续实施其他关联模块，TWI 训练就结束了。当然今后也有可能补上其他模块，但现实是对整个 TWI–MTP 教程并没有充分理解，也不知道 TWI 与 MTP 这两个教程之间的密切关联，没有继续或全部实施的计划。事实上，TWI 四个模块的所有公开版教材，即 4 册学员练习手册和 4 册训练指导员手册，我们也是花了较长时间才全部出齐的。所以，在考虑 TWI 训练的跟踪思路与方法之前，应完善所有模块的内容，公开出版全部教材，告知所有客户企业，这是我们的首要任务。

至 2021 年 12 月，我们以中外 TWI–MTP 推进研究会（日产训中国）的名义公开出版了所有 10 册中文版 TWI–MTP 著作权教材。TWI 和 MTP 教程开发的时间不同，首先是 TWI3J 即 JI/JM/JR 课程（1942 年—1943 年），之后才是 MTP 教程（1950 年）和 JS（工作安全）课程（1968 年），因此在开发 MTP 教程和 JS 课程时，都已经分别吸取了 TWI–JI/JM/JR 课程的精华并加以发展，即在开发当时就具备了 TWI 跟踪及复习教程的功能。

比如在 JS（工作安全）学员练习手册里，就记载有“TWI 是解决现场问题的重要工具”的表格，完整叙述了所有 4 个模块的实施重点和方法。

MTP 教程中与跟踪 TWI 教程有关的内容很多（具体请参见中国人民大学出版社出版的《日产训版 MTP 企业管理研修教程学员手册（6 单元本）》）。多年来由上海能盟内部印制和中国人民大学出版社出版的各种日产训版 MTP 教材，总数已超 30 000 册以上，其主要特点就是与 TWI 教程密切相关，即没有 TWI 教程，也不会有 MTP 教程，只有公开出版的日产训版 TWI-MTP 著作权教材，才是帮助企业和学校选择识别 TWI-MTP 教程真伪的唯一标志，同时也是在日本 70 多年、中国 20 多年的不间断实践中逐渐形成的。所以企业实际选择使用日产训版 TWI-MTP 教材的频度越高，在出版社出版的教材数量越多，越能证明这两个教程的实用价值。

我们从《日产训版 MTP 企业管理研修教程学员手册（6 单元本）》中抽选了 16 页内容，以“需求管理”为中心，作为实施完 TWI-JI/JM/JR/JS 四个模块之后的最低限度的跟踪课程，设定了以下约 3.5 小时（半天左右）的 MTP 授课内容，实施前提是该企业的管理者中有接受过《日产训版 MTP 企业管理研修教程训练指导员手册（6 单元本）》6 天 TTT 教程训练的资格者（也有《日产训版 MTP 企业管理研修教程训练指导员手册（14 单元本）》的 11 天 TTT），仅供各企业和广大中介推荐机构参考选用。具体如何实施，还请参考微信公众号“上海能盟”，与中外 TWI-MTP 推进研究会（日产训中国）的各合作机构联络，同时敬请参照中外 TWI-MTP 推进研究会 -OAO 课程，全面了解 MTP 教程之后再使用。

指导授课的主要参考单元（具体请参见中国人民大学出版社出版的《日产训版 MTP 企业管理研修教程训练指导员手册（6 单元本）》和本书第 23 页的 MTP（6 单元）课程概要：

① 第一单元第 2 节“需求，刺激与行动”（60 分钟）

② 第四单元“培育与启发”第 1 节至第 4 节（160 分钟）

③ 第六单元第 2 节“切实有效的管理实践”（50 分钟）

合计授课时间约为 270 分钟。

TWI-MTP 教程的两大支柱就是尊重人性和科学的方法，是致力于培养“能主动采取各种改善行动的企业管理者”，具体就是前面提过的成为优秀主管的方法，即主管在自己的工作现场指导部属 / 成员工作时：**想让部属做的事，能让他或她在希望的时间，用希望的方法，不是犹豫不决，而是心甘情愿地去做。**

重视“需求管理”，并非培育优秀主管的唯一方法，但是我们如把能否积极主动采取正确行动的主要视点，放在需求、刺激、行动与目标这四个关键词上，就会发现在企业管理中存在各种各样的正面刺激与负面刺激的制度与规则，并以管理者自身的各种话语和行动表现出来，也会对部属 / 成员的各种各样的日常行动产生积极或消极的影响，特别是管理者本身也会经常处于需求不满状态的事实不容忽视。

MTP 教程选择了三个与需求不满有关的经典案例（老田与马科长，新进人员王小英，调职后的魏科长）和 10 种需求不满的具体行动，通过从需求、障碍、目标这三个方面进行研讨，寻找解决问题的途径。我们还特别追加了巨大铁路交通事故案例，提示了企业长期存在的负面刺激体制，可能会导致悲剧和增加处理需求不满时的困难性与复杂性，最后 MTP 教程明示了五种下达命令的类型，告知管理者应有意识地多使用各种正面刺激手段，去积极采取提升领导力的各种行动，其中当然也包括了各种实施 TWI 训练之后的跟踪活动。

MTP 教程中与跟踪 TWI 教程有关的“需求管理”内容概要

请参照 6 单元教材中的单元 / 页码	主要内容及强调点	参考授课时间（可适当休息）
4（J58）	强调直接上司负有培育部属的最大责任，如何做好具体的工作，均与 TWI 各模块相关（可举例说明）。	10 分钟
4（J59）	上司的持续示范指导，会促进并训练部属的良好行动一步一步地上升为日常行为习惯（可通过讲师个人经验举例说明）。	10 分钟
4（J64）	均与指导 TWI 各模块时的指导方法相关，请熟记每一条。	10 分钟
4（J70）	四条实施 OJT 的主要着眼点，也是推动实施 TWI 训练中不可忽视的内容，毫无例外，每条均是积极的正面刺激手段。请熟记每一条。	10 分钟
1（J14）	举例说明 11 种人的需求，在企业组织中的所有人均无例外。	10 分钟
1（J15）	介绍说明了需求的五个阶段及相互关系，强调了因人而异。	10 分钟
1（J16）	经典案例，分析马科长未能解决老田需求不满问题的原因。	30 分钟
1（J17）	用一张图说明了需求、刺激与行动及目标之间的相互关联。	20 分钟
1（J18）	巨大铁路交通事故案例，提示了企业存在的负面刺激体制有可能会导致人命关天的悲剧。	20 分钟
4（J72）	从需求、障碍、目标三个方面研讨需求不满的具体行动（10 种）。	20 分钟
4（J73）	从需求、障碍、目标三个方面研讨两个具体案例。	30 分钟
4（J74）	如何通过倾听—安慰—鼓励消除需求不满，请注意反省自己，领悟到有时管理者本身就是障碍。	10 分钟
4（J75）	如何对部属 / 成员进行支援，帮助他们强化对需求不满的耐性。	10 分钟
2（J26）	思考如何提高部属主动采取行动的积极性时，应根据部属成熟度采取不同的命令类型。	10 分钟
合计时间		约 210 分钟
6（J104）	上司和部属均陷于各种职场需求不满、士气低落状态的案例。	课后作业
6（J108）	作为课后作业，运用 TWI 四个模块的管理技能，去思考如何解决职场中发生的各种实际问题。	课后作业
1（J7）	参考 MTP（6 单元本）的 2 天课程大纲，合计约 14 小时。	参考资料

由于著作权教材的相关规定，以上教材请选购中国人民大学出版社出版的《日产训版 MTP 企业管理研修教程训练指导员手册（6 单元本）》。

MTP（6 单元）课程概要

第一天 （合计 420 分钟）	第二天 （合计 420 分钟）
第一单元 管理的基础（150 分钟）	**第四单元 培育与启发（160 分钟）**
第 1 节　何谓管理 第 2 节　管理者的立场与职责 第 3 节　管理者的基本姿态 第 4 节　需求、刺激与行动	第 1 节　培育的责任与基本程序 第 2 节　以 OJT 为中心的培育实践 第 3 节　需求不满的对应及管理 第 4 节　如何启发良好的态度
第二单元 管理的流程（170 分钟）	**第五单元 信赖关系的形成（160 分钟）**
第 1 节　计划（计划的制订方法） 第 2 节　指挥·命令（分配工作和下达命令） 第 3 节　控制（控制的方法与自我控制） 第 4 节　协调（以整合式协调为中心） 第 5 节　管理的流程与沟通	第 1 节　职责的确定 第 2 节　职责意识的形成 第 3 节　职责工作认知的整合 第 4 节　授权 第 5 节　解决与人有关问题的方法
第三单元 问题意识与改善（100 分钟）	**第六单元 实现良好管理（100 分钟）**
第 1 节　问题意识与问题解决程序 第 2 节　工作方法的改善	第 1 节　领导力概述及类型 第 2 节　切实有效的管理实践

学员练习手册

一、TWI 工作指导（JI）学员练习手册

TWI—Job Instruction Course

训练员工标准作业是主管应做的工作之一

目录

Ⅰ 绪　言

现代技术的进步以及产业界日新月异的变化，给各行各业均带来巨大的影响和挑战。

作为现场主管，为了应对持续的变化和挑战，顺利完成自己的工作任务，就要不断地学习掌握新的知识和技能，要勇于变革与创新，走在时代变化之前列。

越是处在这样激烈变革的时代，现场主管就越有必要系统学习掌握 TWI 训练的基础技能，因为它是现场管理的基本原理原则和技法。

一切进步都是建立在熟练掌握基本原理原则基础之上的，正因为是在变化激烈的现在，我们才更有充分的理由强调，现场主管必须完全掌握 TWI。

TWI—JI（工作指导）是在 1950 年被导入日本并迅速普及活用于日本产业界，很快取得巨大成果，它的科学有效性已经被众多企业的实践所证明。

各位主管，在教别人的时候自不待言，此外，在对下属发出工作指令的时候、调查作业方法的时候以及回答疑问的时候，最好都能活用这种“工作指导”的技能和方法。

如果使用这种确实可靠的指导方法去教的话，部属（员工）一定能掌握。

过去人们常说，“事业即人”，现场主管要起模范带头作用，让职场上充满自我启发、相互启发的风气，这也是大家的重要任务之一。

努力学习本手册，让 TWI 在你的职场上结出硕果吧！

Ⅱ 什么是 TWI

TWI 是第二次世界大战时，由美国军方的技术人员开发并普及的一种训练方式。自第二次世界大战后导入日本以来至今为止，除广泛应用于生产部门及服务部门以外，也被活用于各行各业的职场，且均取得了巨大的成果。

这种训练的基本理念是：

①尊重人性，即承认世间的每一个人都有存在的价值和尊严。

②用科学的方法，也就是要消除作业（业务）上的不合理、浪费及不均衡。

另外，TWI 的基础训练（10 小时训练）的特征是：

①定型化，标准化。

②通过讨论与实际练习来进行。

③与知识相比更重视技能，即比应知更重视应会。

④浅显易懂，有速效性。

TWI 来自于下面英文单词的字头。

T：Training（训练）

W：Within（内的）

I：Industry（企业）

Ⅲ 职场上常见的问题

职场上的问题是指主管必须要想些办法去解决的事，一旦放任不管就会给工作带来一些不利影响。

实际上，无论哪里的职场都存在着很多给品质（包括工作的质量）、生产（生产量、业务量等）、生产费用（经费、成本等）、安全（事故、灾害等）带来不利影响的问题。

不过，你有没有听说过“在我的地盘上没有问题，一切都非常顺利”等类似的话呢？事实上必须要意识到：说“没有问题”这种话本身就是大问题。

“熟视无睹”是指，如果没有问题意识，即使是问题就在眼前也会被忽视，而不会采取任何措施。最后，就会对业务的完成带来重大不利影响。

问题意识就是把问题当作问题来认真对待的姿态。

在正确掌握目标及现状的基础上，通过否定现状的思维方式来培养问题意识，就会对问题变得敏感起来。

如果是带着问题意识去正视职场，不仅对现在正面临的问题以及以前曾面对过的问题，就是对将来可能要面临的问题，也都容易觉察到了。

下面列出一些职场上的常见问题，请对照自己的职场，将这些问题中与你的职场相符合的问题项，用“○”做个记号。另外，如果你的职场还有其他问题，请另写出来。

①不遵守正确的作业方法。

②工作质量达不到标准。

③上班迟到。

④不良品或返修品多。

⑤弄坏工具或设备。

⑥要花很长时间才能学会工作（业务）。

⑦有受伤的人。

⑧没有正确使用安全装置。

⑨通道或现场的整理、整顿较差。

⑩员工对工作不感兴趣。

⑪员工不注意设备的使用方法。

⑫没有正确地使用辅助工具或计量器。

⑬无故缺勤者较多。

⑭消耗品、材料的过度使用。

⑮交接班时出现错误。

⑯对工作没有计划性。

⑰在对外来人员的接待上较差。

⑱缺乏安全卫生管理的知识。

接下来，思考和探讨一下这些问题的起因。

看一下已做了“〇”记号的问题（以及另外写出来的问题），它们的产生会不会是由于你的部属（员工）“对工作不理解”（缺乏知识），或者“不会操作”（缺乏技能）等原因所导致的呢？如果是，请用“◎”做记号。带有“◎”记号的问题一定相当多吧。

在这种情况下，如果使用正确的指导方法去教那些工作的话，其中大部分问题应该是能够消除的。像这样把问题界定出来，是发现培训需求的有效手段。

对于目前在职的员工，不仅在发生实际问题时，就是在下述的情况下，也有必要对其进行培训。

a. 晋级、调换岗位等职务发生变更时。

b. 工作的方法（手段、程序、材料）发生变更时。

c. 生产或业务计划发生变更时。

d. 打算彻底贯彻安全作业时。

另外，对于新员工，因为他们刚走上工作岗位，在大多数的情况下，当然有必要进行培训。

Ⅳ 主管必备的五个条件

1. 什么是主管

TWI 所说的主管，不仅指的是职务分工制度上的组长、班长等人，也指在现场上实际管理着一些部属（员工），以及那些指挥或指导他人工作的人。

2. 主管必备的五个条件

主管的主要责任就是要解决自己所负责的现场的问题，使工作能够顺利、确实地向前推进，取得进展，而要完成这些任务，根据经验需要具备下面五个条件。

(1) 工作的知识

这是关于每一位主管的职务或岗位所特有的知识，是为了能正确地完成任务所必备的知识。例如，在生产方面及服务方面，为了能准确地使用及执行作业标准、设备、材料、销售方法、客户接待方法等所必备的知识。

因为我们处在瞬息万变的技术革新时代，即便是做固定的工作，也要每天学习新的知识，并不断地累积，这是很重要的。另外，在开始新的工作，制造、销售新产品时，理所当然必须掌握新的工作知识。

(2) 职责的知识

这是作为主管所必备的有关责任与权限的知识，是为了按公司的方针、用工制度、作业基准、安全规则、岗位分工制度、业务计划、劳动合同等进行工作的知识。

这种职责知识，因公司、职场而各不相同，所以与此相关的知识，当然包括那些不同之处。

只要我们在职场工作，就必须按照职场的规定来尽职尽责。因此，就有必要充分理解自己承担的职责及相应的权限。

(3) 指导的技能（本工作指导学员练习手册中重点训练的技能）

这是通过充分地训练员工，使其能出色工作的技能。

一旦掌握了这种技能，就会明显缩短从新手到成手的培训时间，并且还会大大降低以往新手到成手过程所产生的浪费、不良品及返修品，减少安全事故，减少工具、设备的损坏和客户的投诉等。

无论主管掌握了多少工作知识和技能，如果没有好的指导技能，也很难把它很

好地传授给他人。另外，无论你怎样热心地教，只要对方还是没能掌握正确的作业方法，那也必须再次重新去指导。

(4) 改善的技能

这是通过细分作业内容进行研究，或是使作业变得简单，或是决定合适的作业顺序，或是把作业进行组合等的技能。

一旦具备了这种技能，就能比现在更有效地利用材料、机器、设备及劳动力了。

(5) 待人的技能

这是一种有助于协调人与人之间的关系，使部属乐意同心协力配合主管工作的技能。

如果主管每天都使用这种技能，就能协调与部属的关系，预防职场上人际关系纠纷的发生；而且，即使发生了纠纷也能很好地处理。这是一种能够了解个人，充分考虑情景，与部属一起心情愉快地工作的技能。

有关“工作指导”的具体内容，全都汇总在一张卡片的正反面上了。下面我们就来解读这张卡片。

V “如何做好指导的准备工作”的说明

准备是指导工作开始之前很重要的部分。“工作指导”卡片的一面记有“如何做好指导的准备工作”，作为指导前的准备，列出了 4 点必要事项：

- 制作训练预定计划表
- 对工作进行分解
- 准备好一切所需物品
- 整顿工作场所

关于这 4 点准备事项，下面按顺序进行说明。

1. 制作训练预定计划表

培训员工与其他工作一样，只有事前制作适当的计划，培训才能顺利进行。否则抱着顺其自然的态度是很难做好培训工作的。各位主管做了职场近期的训练预定计划表了吗？如果还没有做，请马上着手做吧。

制作训练预定计划表有如下几点好处：

①能够清楚地掌握自己职场的现状。

②能够清楚地了解必要且紧急的培训项目。

③做好的训练预定计划表，能够明确下面三个事项：

训练谁？

训练何种工作？

何时完成训练？

接下来，参照销售训练预定计划表（例 1）讲一讲制作训练预定计划表时的注意事项及填写顺序。（[1]～[7]）

销售训练预定计划表（例 1）

	李志 Y 店 2007.4.13	作业分解编号	赵 一	钱 二	孙 三	李 四	周 五	吴 六	[3]	销售市场上的变化
[1]	销售技术	Y02	5	5	5	5	1	4/25		5 月上旬还需要一人
	商品知识		5	5	5	5	4	2		
	销售话术	Y04	5	5	5/10 1	1	4		[6]	
	顾客心理		5	5	3	3	4			
	销售统计	Y03	5	5	[4]	4/26 1				
[2]	确认营业额	Y01	5	5			4/19 1			
	人事变动 作业状态	[7]			由于不会说话而惹恼了客人	计算花费的时间过长	偶尔出错	新人	[5]	在业务完成能力程度为“1”的地方，有的没有记入日期，但也是培训的必要点，现在由于业务关系，何时培训还没有决定下来，所以没有填写日期

注：业务完成能力的程度用 5 个等级来表示。
5：优秀；4：良好；3：达标；2：有些不稳定；1：不稳定。
注明□的数字为制作顺序（作业分解编号根据时间顺序制定）。

[1]在左上角，记入制作者的姓名、职场名及完成计划表的时间。

[2]在最左侧一列，写上相应的作业名称，对于有多种作业的情况，记入各种相应的作业名称；对于同种作业的情况，记入工作要求的等级、熟练度或是设备的制造商、规格等。

[3]在最上面的横栏目内记入作业员的姓名。若需区分男女性别时，最好在其中做个“○”记号。

[4]记入作业员的能力程度。为了更加准确地表示员工的技能水平，可用打分法，

如 5 分是优秀，4 分是良好，3 分是达标，2 分是基本会做但还有些不稳定，1 分是不稳定，是新员工刚开始学习。详见销售训练预定计划表（例 1）和技能训练预定计划表（例 2），这样把员工能力水平用数字表现会更加清楚准确，利于多能工的培养和形成比学赶帮超的学习氛围。

技能训练预定计划表（例 2）

（在某职场上做同种作业时的例子）

王大山 X工厂 2007.3.1	作业分解编号	赵上	钱下	孙来	李去	周大	吴小	郑多		技能上的变化
精炼特级	X01	5	5	5	3/22					平常需要 3 名
精炼一级	X02	5	5	5	5	4/10 4	4/10 4	2		特殊橡胶精炼 5 月份起需要 2 名
精炼二级	X03	5	5	5	5	5	5	5		
成型特级	X04	5	5	5	3					
成型一级	X05	5	5	5	5	3/13 4	3	2		
成型二级	X06	5	5	5	5	5	5			
精制技能	X07	5	5	5	5	5	3/6 1	3		平常需要 5 名
检查技能	X08	5	3/13 4	3	2					
人事变动 作业状态		预定3月末退休					对精加工粗心大意	新人培训中偶尔会出错		

注：业务完成能力的程度用 5 个等级来表示。

5：优秀；4：良好；3：达标；2：有些不稳定；1：不稳定。

5确认训练的必要点，可从人事变动、作业状态、生产上的变化（工作上的变化）这三个方面去考虑，并对找出的训练必要点在表中做出标识。

6在5已确认的训练的必要点处，记入训练的完成日期。记入的时间要稍微留有余地。

7记入训练中要用到的作业分解表的统一编号。

2. 对工作进行分解

如果制作了作业分解，指导者在指导前就能在自己的头脑中整理出应教内容的妥当的顺序。否则，就不能正确地进行指导。指导者通过训练预定计划表清楚地了解到必须要指导的作业时，无论对于教有经验的学习者，还是教没有经验的学习者，都要做出适合对方经验程度的作业分解。

进行了作业分解，对于指导者本人是大有益处的。

①在说明时能够做到顺序恰当，容易理解，不会遗漏必要点。

②不用做徒劳无益的事就能达到目的。

③能够不慌张，信心十足地进行说明。

④能够清楚地强调重要的地方（要点）。

⑤能够准确地判断学习者是否已掌握。

⑥能够对目前的工作方法进行反思并改善。

原则上按每次所教的分量（单位）来进行作业分解。所教的分量要与学习者一次所能掌握的能力相匹配，在同时兼顾作业的适当的范围（作业本身的段落）和指导一次分量所需的时间等事项之后，再决定分量的大小。

下面讲一下作业分解的注意事项。

(1) 填写作业分解表表头时的注意事项

①写上整理编号，与训练预定计划表中的⑦所记入的作业分解编号相一致。

②作业栏：即将分解的作业名（参照事例）。

③作业物栏：主要的作业对象（如零部件）。

④工具及材料栏：工具是帮助完成作业的工具和工装夹具；材料是辅助性耗材。

这里辅助性耗材可分为三类：第一类是会用完的东西，如洗涤作业所用的清洗剂。第二类是在成品中所占比例极其微小的东西，如糊纸拉门时涂在框架上的糨糊等。第三类是用完了就扔掉的东西，如废布头类的东西。

(2) 关于主要步骤（作业程序）的注意事项

①主要步骤是指为了进行作业，必须要做的主要的作业程序。

②确定主要步骤必须在实际作业中边操作边决定。如果凭想象进行作业分解，就有可能遗漏主要步骤，或是在主要步骤里加入了多余的动作，这样就不能做出完善的作业分解。

③实际去做一段作业，然后停下来思考自问（到这一段落完成的结果是什么，目的是什么），这一段作业可以成为主要步骤吗？

④即使是教同样的作业，也要对应学习者的经验及能力程度，或大或小地对主要步骤进行划分。即对能力高的人把主要步骤划分得大一点，对能力低的人划分得小一些。

⑤在包含检查、点检、测定等作业时，把它们作为一个主要步骤，在指导上就

不会出现过失了。

⑥主要步骤通常是考虑“做什么”，原则上在作业分解表上，用“做○○”的表达方式来书写，也就是用谓语+宾语（动词+名词）的形式来表现。

⑦尽量用正确的、简洁的、具体的语言来表现主要步骤。这样在做给学习者看时，就可以做到语言与动作相一致了。

⑧主要步骤的表现，不要含有作业名，要用对称型来表现（如有“打开盖子”，就不要忘了“关上盖子”的表现）。在划分上更要注意使各主要步骤的难易程度大体相当。

(3) 选定要点时的注意事项

①要点是指为了正确地完成一个主要步骤的关键点。

有各种各样的要点，按重要性顺序，有如下三种要点：

一是左右工作能否成功的关键点（成败）。

二是作业员有可能受伤的关键点（安全）。

三是使工作容易完成的关键点，如感觉、窍门、技巧等（易做）。

②在充分理解了要点的三个条件（成败、安全、易做）之后，针对主要步骤的“做什么”选定要点时要考虑“怎么做”，也必须要在实际中，边做每一个主要步骤，边思考自问来选定要点。

③选定要点的时候，与决定主要步骤时一样，要考虑学习者的经验、能力，选定与之相适应的要点。

④当一个主要的步骤中有几个要点时，按在该作业中选定要点的顺序，记入序号。

⑤如果在一个主要步骤中有4~5个要点时，尽可能把这个主要步骤再分成几个步骤，这样学习者容易记忆。

⑥在记入要点的时候，不要使用抽象的语言（例如：准确地、正确地、充分地等）。如表1和表2所示，怎么做才可靠，怎么做才恰当，记入具体的工作方法。

⑦不要用否定型的表现方式。例如：记入“不要……样做”就不太合适，要考虑怎样去做，要使用具体的“这样做”这种清楚的表现形式（见表1和表2）。

表1

主要步骤	要点			
叠加纸带	准确地	正确地	按照规定	3张
	×	×	○	○

表2

主要步骤	要点		
折叠申请单	恰当地	不要歪斜	对齐边缘
	×	×	○

⑧要点也可简单地使用符号来表示，例如：直角可用“∟”，垂直可用“⊥”，平行可用“//”，向右转可用“⋂”等。

⑨对于难以用语言来表现的情况，例如：分寸、手感、色调、声音等有必要在学习者的眼前示范该部分的要点，在作业分解表上记录时除了使用简洁的语言表现，最好再用括号括起来标注，如：(感觉)、(表示)、(听)、(触摸)，这样的填写也是一种好方法。

下面举两个作业分解的例子，请大家参考。

作业分解（例1）

No. ....

作　业　打电话的方法

作业物　按键式电话机

工具及材料　通讯录、笔记用纸、铅笔

主要步骤 能促使工作顺利完成的主要作业程序	要点 (1) 左右工作能否完成的作业内容（成败） (2) 危及作业人员人身安全的作业内容（安全） (3) 具备能使工作顺利完成的技术（易做）
1. 使用通讯录确认对方	①号码 ②姓名 ③所属
2. 拿起话筒	①用左手 ②笔记用纸放在手边
3. 按下按键	边重述号码
4. 报自己公司名	／
5. 说事情	①确认对方 ②语言清楚
	③使用 5W1H
6. 放下话筒	①寒暄之后 ②等待 3 秒

作业分解（例 2）

No. ……………………

作 业 印刷机滚筒直径的调整

作业物 滚筒

工具及材料 圆筒量具、扳手、调压用纸

主要步骤 能促使工作顺利完成的主要作业程序	要点 (1) 左右工作能否完成的作业内容（成败） (2) 危及作业人员人身安全的作业内容（安全） (3) 具备能使工作顺利完成的技术（易做）
1. 停机	①让作业员 A ②发出信号后
2. 保养印版	①让作业员 B ②在机器停止后
3. 测量滚筒直径	在 11mm 的范围内误差为：±0.2 mm
4. 调整至规格值	／
5. 开机	①让作业员 A ②发信号后
6. 检查印刷品	①修整不良处
	好了——进行印刷
	不好——重复 1~6 的操作
	②判断异常情况
	没有异常——进行印刷
	有异常——马上报告

作业分解（例 2）是在印刷厂进行印刷的过程中，因接到机器责任人关于印刷品不良（左右正常，但上下有偏斜）的报告，而做出了有必要对印刷机的滚筒直径进行调整的判断，在指示机器责任人调整作业的做法时，主管所做的作业分解表。

3. 准备好一切所需物品

指导前必须准备好一切所需物品。设备及工具这些正规的东西当然要准备了，材料及消耗品等也要做好充分的准备，不要在指导途中出现不够用的情况。

如果进行了作业分解，那么在作业分解表的标题栏里，应该记有作业物、工具及材料，可以参考它来做准备。其中，工具及材料，特别是消耗品，因在指导的第2阶段、第3阶段要用很多，所以最好在作业分解表上记上必要的数量，这样准备起来就会方便多了。另外，如果有必要，黑板、粉笔、模型及样本等道具也要记在材料栏内以方便做好准备。否则准备不充分，指导时用临时凑合的道具、设备、材料等，不仅不能正确地进行指导，而且学习者也可能会因为主管不够专业认真而不再尊敬主管。

4. 整顿工作场所

如果指导者做了不好的示范，学习者就会养成坏习惯，所以指导者平常就必须给学习者做出正确的示范。工作现场的整理整顿是安全作业的第一步，设备、机器、工具类的点检、整备也是安全作业必不可少的。所以指导前对这些要做好充分的整备，以确保能够做出正确的示范。

指导者亲自示范，对学习者会有很大的影响。这些对于作业安全、品质提高、维持职场纪律等都是极其重要的。正确的示范作为一项职责，是主管及指导者理所当然必做的事情。

Ⅵ “工作指导的4阶段法”的说明

使用“准备方法”做了指导前的准备后，接下来就要使用卡片正面的“工作指导的4阶段法”对作业员进行指导了。这种指导方法是使作业员迅速地掌握，能够正确地、安全地、有效地作业的方法，它是确切、可信赖的指导方法（正确的指导方法）。

下面按从第 1 阶段到第 4 阶段的顺序来进行说明。

1. 第 1 阶段——学习准备

为了使工作顺利地进行，准备非常重要。一般认为，准备的充分与否决定着事情成功的一半，甚至是 80%左右。因此说指导前的准备是非常重要的，因指导时的主角是学习者（被训练者），所以首先有必要让其做好学习的准备。

(1) 使学习者轻松愉快

基于人之常情，一个人无论是跟着上司学还是跟着师傅学，都容易紧张，如果过于紧张，就很难全力以赴地学习了。如身体紧张、僵硬，动作就会变得笨拙，平时的能力就发挥不出来了。所以，指导者有必要帮助学习者将身心放松至平时的自然状态。

相反，对于那些过于放松近于散漫的学习者，指导者一定要想办法让他们认真严肃起来。

(2) 告诉他将做何种工作

因为学习者如果不知道要学什么就可能会感到不安，所以要让他了解学习的内容，以消除这种不安，使其对工作有心理准备。

因此，有必要告诉学习者作业名称，给他看实物，向他展示这个工作的全貌。

(3) 了解他对这项工作的认识程度

教给学习者已经知道的东西，就会造成时间、劳动力及材料的浪费。相反，学习者不知道的东西，指导者以为他已经知道了而省略不教，就会使学习者为难。所以，有必要确认学习者对于那项工作的了解程度。

(4) 激发他学习这项工作的兴趣

兴趣是最好的老师，在学习者不感兴趣的情况下，无论指导者怎样认真地说给他听，做给他看，他可能还是听而不闻，视而不见。为了避免发生这种情况，就有必要告诉学习者学会此工作的重要性或希望等，以激发他的学习兴趣。

(5) 使他进入正确的学习位置

所谓正确的学习位置，是以学习者为中心的，就是要考虑使学习者不会漏看、容易看清、没有危险、不会误解、不给周围的人添麻烦等，而且还要考虑到指导者容易指导，所有这些条件都能满足的位置，就是正确的学习位置。

2. 第 2 阶段——传授工作

因为学习者没有足够的能力去进行工作，所以才需要进行指导。首先要从工作的说明开始。

(1) 将主要步骤一步一步地讲给他听，做给他看

主要步骤是指通过动作及语言对作业的主要程序所进行的说明。如果边做给学习者看，边按顺序准确地、简单明了地一步一步地讲给他听，他就很容易记住了。

一步一步地是指：①一时一事；②清楚地对程序进行划分；③按正确的顺序。

(2) 明确强调要点

在学习者了解了工作的程序、顺序之后，为了使他能按照该程序正确地执行下去，对进一步了解主要步骤中那些左右事情的成败、关系到操作者的人身安全、使工作容易操作等关键之处，要反复强调，加深印象。

这时，边清楚地示范要点的动作，边用简洁的语言按顺序对要点完整地进行说明是非常重要的。

(3) 清楚、完整、耐心地指导，说明要点的理由

这条细目在卡片上向左移出了一个字，这是针对传授三遍细目的注意事项，也就是说，指导者无论是说明主要步骤，还是强调主要步骤的要点以及说明要点的理由，都要用清晰的语言、清楚的动作，准确无误地、完整地、耐心地进行说明，做给他看是非常必要的。只有将为什么它会成为要点、要点的根据、存在的理由等完整地传授给学习者，才能保证指导者示范的标准规范，要防止遗漏，使学习者能够一次学对，一次学会。如果因为忙就没有耐心，用不充分的指导方法教过之后，就让学习者去工作了，多数情况是欲速则不达，反而会引发更费事的问题，最后指导者还得收拾残局重新再教。正是因为忙，才更有必要使用这张卡片的指导方法，按这种既准确又可信赖的指导方法去耐心地进行指导。

(4) 注意不要超出他的理解能力

这条细目也是注意事项，是针对第 2 阶段所有细目的注意事项。如果超出了学习者的能力，他理解起来就困难了。要想知道是否超出了学习者的能力，可以通过提问和观察脸色、态度等来进行判断。

3. 第 3 阶段——尝试练习

大部分工作，仅仅靠听、看和头脑记忆理解是做不好的。多数情况下，理解与会做是两回事。所以有必要在示范和说明之后，马上让学习者动手尝试练习，通过亲自动手去理解体会和掌握。

(1) 让他试做纠正错误

首先让学习者试做，发现有不规范的地方或错误，马上纠正，不要让他养成不良习惯。

(2) 让他边做边说出主要步骤

因为作业的主要步骤就是通过语言把动作表现出来的东西，如果会做动作，那

么步骤也就容易说明了。通过让学习者说出所做的，使他能再次确认，并能牢记步骤。

(3) 让他边做边说出要点

再次让学习者边体验边说出要点，在头脑中整理作为关键的要点，确认已记住的东西。如果不让学习者说出来，即使是能够正确地做出作为要点的动作，也很难判断学习者本人是否意识到这就是要点，所以有必要让他说出要点。

(4) 让他说明要点的理由，并确认他完全掌握

这条作为第 3 阶段的注意事项，在卡片上向左移出了一个字。它的意思是学习者是否理解了，指导者要确认到他完全理解了为止。也就是在第 3 阶段里几次让学习者说、让学习者做的时候，确认他是否能做到或说出下面的 4 个事项：①动作正确；②清楚地说明主要步骤；③完整地说出要点；④耐心地说明要点的理由。

在以上 4 项内容里，只要有一项是模棱两可的，都必须继续进行指导、确认。

因此，由于在前面的细目中确认了动作、步骤、要点，所以在本细目中，最好是通过让学习者说明要点的理由来进行最后的确认。

4. 第 4 阶段——检验成效

在这个阶段，不是教完了就不管了，而是要扶上马送一程，帮助学习者，继续跟踪指导，直到他能够独立完成作业为止。

(1) 安排他开始具体工作

如果在第 3 阶段确认学习者完全理解了，那么就明确地安排他独立工作，这样他就没有依赖心理了，要培养他的责任感，使他带着责任感去工作。

(2) 指定可以帮助他的人

这条细目是为了防止新人开始工作后遇到问题不问或瞎问，如果指定了不懂的时候可以询问的人，那么学习者就不会由于不知问谁好而犹豫不问了。“瞎问”就是随便向身边的人发问，极有可能遇到与指导者所教的做法不一致，使学习者陷入

不知如何是好的困境。指定的人的指导方法一定是与指导者示范的做法是一致的，这样学习者就可以经常向能够正确地、很好地指导工作的人学习了（首先是向指导者学习，在指导者不在的情况下，指定向其他可信赖的人学习）。

(3) 经常不断地检查

在工作之初，学习者经常会遇到突然忘记、误解、手忙脚乱等情况，出错在所难免，指导者一定要跟踪检查，抢在不良品大量生产出来之前，诚恳地帮助他找到解决问题的方法，务必在养成错误的习惯之前就给予纠正。

(4) 鼓励他提出问题

学习者忘记了学过的东西，或是有新问题的时候，因害怕指导者批评或有不想让人知道自己的记性差等虚荣心，是不会轻易提问的。所以指导者要营造一种不责怪、宽松的易于提问的氛围，使学习者容易提出问题。这样也有利于从工作之初就培养学习者的问题意识。

(5) 逐渐减少指导的次数

因为没必要教已经知道了的事情，只需指导不清楚的地方就行了，所以随着学习者的熟练程度不断提高可以减少指导次数或简化指导内容。这样就可以唤起学习者的独立意识，不用浪费时间就能达到目的。

最后，要指导到学习者能够完全独立地工作为止。

如果像这样按照这种 4 阶段法去教的话，学习者肯定能学会工作。否则，学习者就有可能学不会。

所以指导者一定要牢记**“员工没有掌握，是指导者没教好”**。

Ⅶ 结束语

关于时刻关注职场发生的问题，带着问题意识去工作的重要性，前面已经阐述过了。问题有很多种类型，从大的方面可分为两大类：(A) 关于人的问题；(B) 关于物的问题。

谈到关于人的问题，对每一名员工来说，为了完成任务，就要具备 3 个必要的条件。即：

①必要的知识；

②必要的技能；

③必要的态度。

首先，作为第一位的必要条件是知识和技能，如果知识不足、技能不熟，就不能很好地完成任务，就有可能出现工作延误以及品质差等“问题”。

解决员工知识不足、技能不熟这个问题时，可以使用“工作指导”的技能，只要认真去用，就能让他正确地工作。

其次，如果不具备态度这个必要条件，员工对待工作就有可能没有积极性，不遵守规则，或者由于不关心相互间的关系导致人际关系差，也会成为影响工作完成的障碍“问题”。

对于人际关系这个问题，可以通过活用“工作关系”的技能来解决。

谈到关于物的问题，由于难做的作业、费事的物品移动及搬运、烦琐的使用方法等情况，给品质、生产、成本带来了不良的影响，成了“问题”。

这个问题，可使用“工作改善”的技能来解决。

以上的内容如下表所示。

职场问题与 TWI 的主要关系

<table>
<tr><th>职场的问题</th><th>解决问题的技能</th><th>TWI—4J 的活用范围</th></tr>
<tr><td>关于员工的工作</td><td></td><td></td></tr>
<tr><td>不理解</td><td rowspan="3">活用 JI</td><td rowspan="3">使员工能理解作业，
也可以使他变得能干。
（也要活用 JM、JR）</td></tr>
<tr><td>不会做</td></tr>
<tr><td>不充分</td></tr>
<tr><td>关于职场的作业方法
及成果</td><td></td><td></td></tr>
<tr><td>难做</td><td rowspan="4">活用 JM</td><td rowspan="4">通过改善作业方法及配置等，
使作业变得轻松、易做、有效。
（也要活用 JI、JR）</td></tr>
<tr><td>费事</td></tr>
<tr><td>费力</td></tr>
<tr><td>不习惯</td></tr>
<tr><td>关于职场的
人际关系</td><td></td><td></td></tr>
<tr><td>没干劲</td><td rowspan="4">活用 JR</td><td rowspan="4">预防与职场的人之间问题的发生，
或妥善地处理已发生的问题，
创造愉快工作的职场。
（也要活用 JI、JM）</td></tr>
<tr><td>散漫</td></tr>
<tr><td>人际关系差</td></tr>
<tr><td>人员流动率高</td></tr>
<tr><td>关于安全卫生
的管理</td><td>活用 JS</td><td>（也要活用 JI、JR、JM）</td></tr>
</table>

注：JI：Job Instruction （工作指导）
JM：Job Methods （工作改善）
JR：Job Relations （工作关系）
JS：Job Safety （工作安全）

参 考 资 料

（含主要使用表格）

1. 实施“工作指导”之际要掌握更多的“作业分解”案例

通过前面的内容，相信大家已经了解了有关“工作指导”的相关内容。对于如何制作事前计划，如何做好必要的准备事宜，以及指导时的 4 阶段法的要点及相关内容概要等均已了然于胸了。

按照下面的顺序及要领，请各位把通过本手册所学到的知识和技能，活用到实际的工作中去吧。

第一，请从各位的职场中的新作业（业务）或以前就有的作业中，选定一些有必要训练的部分。

第二，请把这些作业（业务）分割成适当的单元（考虑被指导者的能力、训练所使用的时间、工序的情况等）之后，制作训练预定计划表。

注意：在全员都从事同种作业的情况时，请把作业要求的等级、能力等级、熟练程度或所使用的机械设备的型号等填入作业栏内。

第三，请从训练预定计划表上所填写的作业（业务）中选出还没有完成的作业进行分解，制作作业分解表。

第四，制作指导计划，以 4 阶段法为主要方法。

这时候，注意不要把计划制作成形式上的东西，而是要考虑要教的人，要考虑 4 阶段法的每一条细目应如何使用，怎么指导才能更有效，重点应放在哪里，等等，再去制作指导计划。

在以上步骤中，掌握更多的“作业分解”案例，对实施工作指导的现场管理者而言，是十分必要和有用的。以下我们提供的“作业分解”案例，均来自过去或现在实际存在的工作。

说明：

在本页实施“工作指导”之际要掌握更多的“作业分解”案例之第二项准备事项中，为了更好地方便读者在做作业分解中能够尽快地掌握其方法和技巧，根据日本产业训练协会对原作业分解练习资料的更新，即作业分解表中增设了“要点的理由”这一栏。

①在本次增印之时，将学员练习手册的“作业分解表”全部更新；

②增加工作指导标准授课中的“打灯头结的作业分解”（为 67 页）；

③增加制作作业分解的“自问法”（为 68 页）。

制造业作业分解例 1

No.＿＿＿＿＿＿（有经验者用）

作　业：配线

作业物：电线（5 色），绝缘板，插座，环

工具及材料：焊烙铁，插座安装工具，焊烙铁架，焊锡，细绳

主要步骤	要点
1．暂时固定住电线	／
2．做焊接准备	焊烙铁与焊锡在右侧（指示）
3．做插座侧的焊接	边转动安装工具
4．做绝缘板侧的焊接	端部颜色与线的颜色对照

制造业作业分解例 2

No.＿＿＿＿＿＿（无经验者用）

作　业：电线的暂时固定

作业物：电线（5 色），绝缘板，细绳

工具及材料：／

主要步骤	要点
1．备齐 5 种颜色的电线	／
2．做成一束拉直	一端对齐
3．穿过 2 个环	从对齐的一端起
4．穿过绝缘板上的孔	①从没有对齐的一端起 ②剩余约 8cm
5．用细绳固定	打一个结

注：有 2 个以上要点时，记入①②……的序号。

制造业联合作业的作业分解例3

No. ………………（有经验者用）

作　业：轴的滑配合及安装

作业物：逆转轴，轴承

工具及材料：铅丹

A（起重机担当）		B（成品组装担当）		C（成品组装担当）	
主要步骤	要点	主要步骤	要点	主要步骤	要点
		(1) 在逆转轴上挂上钢丝	① V 字形 ② 平行地		
				(2) 给轴承涂铅丹	均匀地
(3) 停在轴承的上方	慢慢地				
		(4) 盖上轴承的盖子	对准位置（右侧的）	(4) 盖上轴承的盖子	对准位置（左侧的）
		(5) 转动	2~3 次	(5) 转动	2~3 次
		(6) 打开盖子	右侧的	(6) 打开盖子	左侧的
(7) 吊起来	慢慢地				
		(8) 调整中心	（右侧的） ①均匀地接触为止 ②盖子也是	(8) 调整中心	（左侧的） ①均匀地接触为止 ②盖子也是
		(9) 清扫	（右侧的） 充分清除垃圾	(9) 清扫	（左侧的） 充分清除垃圾
(10) 停在轴承的上方	慢慢地				
		(11) 盖上盖子	对准位置（右侧的）	(11) 盖上盖子	对准位置（左侧的）
				(12) 拧紧	①两侧一样 ②调节松紧（直觉）
		(13) 摘掉铁丝			

制造业作业分解例4

（为进行新作业内容的训练，而进行分解）

No.…………………（有经验者用）

作　业：打孔，铰床穿透，表面磨削

作业物：冲击板

工具及材料：四角卡爪，卷尺，线规尺

主要步骤 能促使工作顺利完成的主要作业程序	要点 ⑴ 左右工作能否完成的作业内容（成败） ⑵ 危及作业人员人身安全的作业内容（安全） ⑶ 具备能使工作顺利完成的技术（易做）
1. 上卡。	①使用四角卡。②清除削渣与脏物。
2. 调查。	稳健沉着地进行。
3. 对芯。	倾斜时，按住两处。
4. 打孔。	①打孔时要保持同一方向。②清洁孔芯。
5. 更换安装。	／
6. 钻孔。	钻孔时要缓慢，要保持同一方向。
7. 卷尺。	针对铰床尺寸，要给足够的余量。
8. 铰床穿透。	①方向要保持一致。②若孔开了，要查找工具。
9. 调整横送台。	调整至平稳为止。
10. 外部磨削。	为保证质量，磨削方向要一致，速度要缓慢。
11. 表面磨削。	缓慢地。
12. 测量孔径（线规尺）。	装有物件的情况下，凭着常年经验感觉来测量。
13. 检查。	／
14. 拆下后，装入物品箱中。	切勿掉落。

制造业作业分解例5

（为进行新作业内容的训练，而进行分解）

No.__________（无经验者用）

作　业：上卡

作业物：冲击板

工具及材料：四角卡爪

主要步骤 能促使工作顺利完成的主要作业程序	要点 ⑴ 左右工作能否完成的作业内容（成败） ⑵ 危及作业人员人身安全的作业内容（安全） ⑶ 具备能使工作顺利完成的技术（易做）
1. 打开塞子。	将扳钳放进套管内。
2. 清除磨削渣滓。	一定要使用软刷子，清扫干净。
3. 将部件安装在塞子上。	／
4. 调整塞子与物件。	全周的拧紧程度都一样，凭常年经验把握。
5. 观测平衡程度。	直至晃动全部消除。
6. 拧紧塞子。	／

- 由工厂负责人进行本项作业分解。
- 为了辅导有一定经验的冲床工序职工，进行了例 4 的作业分解。
- 但辅导新职工时，把例 4 主要步骤中的一或两项作为一项辅导单位，另行进行更加细致的作业分解。
- 例 5 是例 4 主要步骤第 1 项“上卡”的详细作业分解。

非制造业作业分解例 1

(为进行新作业内容的训练，而进行分解)

No.…………………… (有经验者用)

作　业：股票名义证书的更换手续

作业物：股票，股票台账，股东名簿，名义证书更换申请书，印章证明书

工具及材料：印章，黑色水笔

主要步骤 能促使工作顺利完成的主要作业程序	要点 (1) 左右工作能否完成的作业内容（成败） (2) 危及作业人员人身安全的作业内容（安全） (3) 具备能使工作顺利完成的技术（易做）
1. 受理。	检查确认印章与股票。
2. 将印章证明信放进印章登记簿中。	按照汉语拼音 abc 的先后顺序。
3. 更换名义证书。	台账，股票等无一遗漏。
4. 在股票台账中登记。	对缝盖章。
5. 代表者盖章。	代表者的印章。
6. 制作股东名簿。	明确记录：姓名，地址，股票种类。
7. 记载到股东移动簿上。	将全称清楚地记载到台账、名簿、印章簿中。
8. 保管。	放入保险柜中。
9. 交付股票。	收取手续费。

非制造业作业分解表例2

（为进行新作业内容的训练，而进行分解）

No.________（无经验者用）

作　业：受理

作业物：股票，名义证书更换申请表，印章证明（股票转让认可证书）

工具及材料：黑色水笔

主要步骤 能促使工作顺利完成的主要作业程序	要点 ⑴ 左右工作能否完成的作业内容（成败） ⑵ 危及作业人员人身安全的作业内容（安全） ⑶ 具备能使工作顺利完成的技术（易做）
1. 寒暄后，受理申请表。	认真地。
2. 核对名义证书更换申请表上的股票数。	①一次性印章。②需核对委任证书。
3. 核对印章。	确认一致。
4. 确认是否为事故股票。	有无提交过“遇盗申报”和“丢失申报”？
5. 申请者为新股东时，还需要印章证明书。	①受理地址，姓名，（法人时）代表者的申请。②核对印章刻字字迹是否清楚明确。
6. 对股东转让有限制时。	是否有董事会的认可证书？

- 由股票科室的负责人进行本项作业分解。
- 为了辅导有一定经验的职工，进行了例1的作业分解。
- 但辅导新职工时，把例1主要步骤中的一或两项作为一项辅导单位，另行进行更加细致的作业分解。
- 例2是例1主要步骤第1项“受理”的详细作业分解。

2. 指导方法的基本型及活用型

研习会只是让学员掌握基本的指导方法，而在实际指导中会遇到各种情况，所以要根据不同情况活用卡片的指导方法。不要机械地使用 4 阶段法。

(1) 基本型

第 2 阶段 3 遍，第 3 阶段 4 遍（如表所示）。

第1阶段	第2阶段				次数	第3阶段				第4阶段
	理由	要点	主要步骤	动作		动作	主要步骤	要点	理由	
			◎	◎	1	◎→	纠正			
		◎	○	○	2	○	◎			
	◎	○	○	○	3	○	○	◎		
					4	○	○	○	◎	

◎：表示重点的记号。

(2) 活用型

根据学习者的能力及作业的难易度，可以通过活用型来使用 4 阶段法。

活用

活用
教 2 练 3
教 1 练 2

第 2 阶段

第 2 阶段	
（动） 主	要 + 理
（动） 主 + 要	理
（动） 主 + 要 + 理	

第 3 阶段

第 3 阶段		
动	主	要 + 理
动	主 + 要	理
动	主 + 要 + 理	

其他还有各种各样的组合。

另外，虽然 4 阶段的各细目列出了最低限的必要事项，但是根据学习者的情况，已满足要求的细目可以不做。

如果过于机械地使用细目，反而会违背实际情况。

3. 三种要特别下功夫的指导方法

(1) 冗长作业的指导方法

实际现场的作业，通常是需要花几小时甚至几天的时间才能教会，当然就有很多应教的内容无法一次性教会。在这种情况下，无论是指导者还是学习者都会头脑混乱，不知如何指导好了。因此，正是在这种情况下，才更需要有正确的指导方法。

像这种情况，需要把很长的工作以被教者的理解能力为限度，分成一个一个的段落，每次最好教一个段落。

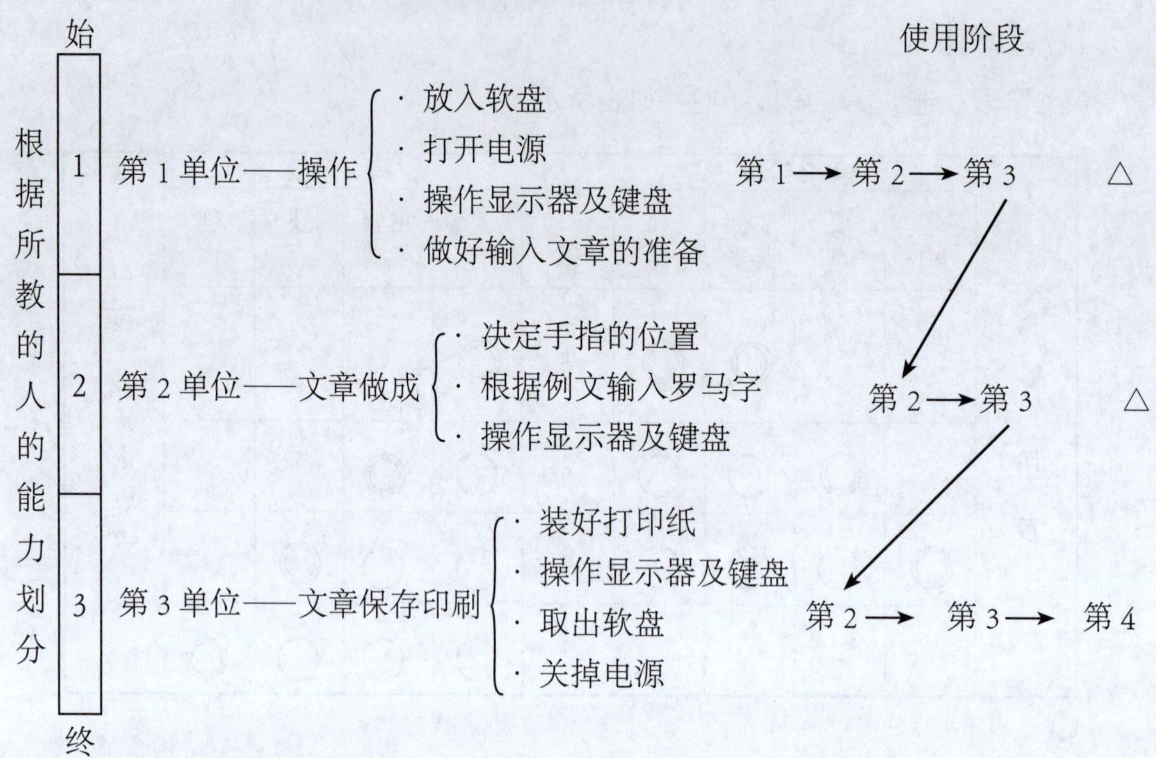

不言而喻，冗长作业就分成段落。

⑵ 在噪音现场的指导方法

在嘈杂的听不清讲话的现场进行指导，应是常有的情形。例如：在制罐工厂、纺线工厂、纺织工厂等。

对于这种工作的指导方法，原则上应尽可能在现场指导，但是讲话几乎是听不到的。讲给学习者听与做给学习者看可分开进行。

最好仅在有必要讲解的时候，才去安静的场所进行，然后再次到现场非常仔细地做给学习者看。还必须包括全部的做给学习者看的应教的事项。

另外，到了第 3 阶段，让学习者说出主要步骤、要点及要点的理由等的时候，也要到安静的场所，让学习者做的事情要在现场进行。

在噪音现场可以同时使用写给学习者看等方法，有必要尽可能正确地按照 4 阶段法去做。

⑶ 感觉及诀窍的指导方法

1）感觉的指导方法。

学习感觉被认为是非常难的。但是，如果最初就向学习者说明在哪里会有什么样的感觉，应该比不教要快得多，而且容易记住。有必要从一开始，就具体、合理地让学习者记住正确的事物的感觉方法或分寸。

①让学习者拿着实物，比如：

“～的状态是好的。听到 ×× 的声音时，就是……的状态了 。”

像这样让学习者体验正确的状态。

②让学习者做。

说：“请按照与此相同的样子去做。”从一开始就要让学习者去做。

③指导者查看确认结果如何。

如果是正确的，就表扬学习者；如果不正确，那么就边让学习者继续调节，边让他体会正确的状态。

2）诀窍的指导方法。

诀窍是伴随着动作的东西，由于熟练者精通某项工作，所以几乎意识不到诀窍。因此，最好是分析、探讨诀窍的细微动作之后，再进行指导。

例如：数纸（B5 左右的大小）的程序，如下所示。

①对齐；

②展开；

③翘起。

这时，①、③很容易做，没有必要指导，倒是②不太容易做好。因为②展开是有诀窍的。

这种情况下，只把展开作为一项作业，划分出主要步骤及要点，然后再进行指导。

“纸的展开”分解如表所示。

主要步骤	要点
1. 折起	①用食指的背面 ②边轻轻地压边
2. 捏住	①边向下拉边
3. 捻开	①用大拇指的指甲做轴 ②边轻轻地压边

参考图如下：

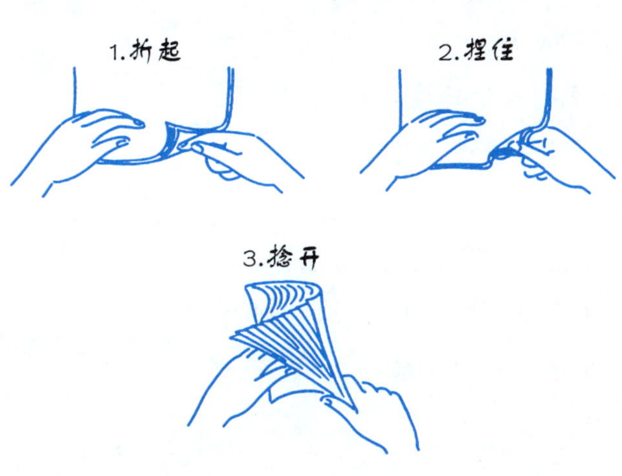

关于研习会的准备工作

请每一位参加者确认以下各项的内容：

①提前 15 分钟到达会场，不迟到不早退，不使用手机。

②尽可能背熟卡片内容，以便随时应用。

③切记卡片中每一细目都无法省略，也不能随意改变位置。

④参照第一次研习会的内容，每一位学习者都应选定一种可教会的工作作为示范案例带到教室里来，并按“学习指导者”的身份来练习互教互学。

⑤所选定并带到教室里来的工作示范案例，最好是工作中的实际作业，操作时间在 1 分钟左右，是能在 15 分钟 ~20 分钟指导完成的作业。

⑥所选定的工作示范案例尽可能简明易懂，并且能让大家容易做到。

⑦做示范时请将要使用的作业物、工具及材料备齐。

附：历次研习会要点和主要使用表格

第一次研习会要点

一、主管的含义

本研习中所使用的“现场管理者”（也称一线管理人员或主管）一词，乃指“管理工作人员的人”，或是指“在现场指挥别人工作的人”。

二、在生产和工作现场经常发生的问题

1）不能自觉遵守正确的操作方法。

2）达不到规定的工作质量与标准。

3）工作进程常拖延。

4）质量不达标、返工较多。

5）工具或设备被损坏。

6）掌握一份工作所花时间太长。

7）出现工伤事故等。

8）不能正确使用安全装置。

9）工作现场的整理整顿未做好。

10）职工对工作没有兴趣。

11）职工不注意机械等的使用方法。

12）不能很好地使用辅助工具及计量仪器。

13）经常出现随意缺勤现象。

…………

三、主管必备的五个条件

1）________知识。

2）________知识。

3）________技能。

4）________技能。

5）________技能。

四、三种指导方法的比较

1）仅讲给别人听的方法。

2）仅做给别人看的方法。

3）正确的工作指导方法。

第二次研习会要点

一、引导志愿者进行工作指导实习与讨论

二、进行工作分解的必要性

1）能有顺序地、简明易懂地说明主要步骤及要点。

2）避免浪费，对多余动作进行说明。

3）能毫不犹豫地、充满自信地去说明。

4）能清楚无误地强调要点或部位。

5）能准确判断被指导者是否已经掌握。

6）能反省现在的工作方法并进行改善。

三、作业分解的制作

1）考虑主要步骤（即作业进行过程中必不可少的主要操作程序）。

2）主要步骤不是凭空而来，必须在实践工作中边干边决定，若只凭想象则不能进行完全的分解。

3）主要步骤通常指“做什么”，原则上在作业分解表上填写动词＋名词（目的），如：确认→对方姓名，告诉→本公司名。

4）主要步骤的划分要根据学习者的经验和能力而定，通常能力强者区分范围较大。

四、如何决定要点

1）所谓要点，是指准确完成一个主要步骤时的关键动作或部位。

2）决定要点的理由。

①左右工作能否成功的关键点（成败）。

②作业员有可能受伤的关键点（安全）。

③使工作容易完成的关键点，如感觉、窍门、技巧等（易做）。

④说明要点的词汇，不宜使用抽象词语（如确实、正确、十分）和否定形式（不

要、不能、不可以等）。

五、准备好一切所需物品

不要用替代品，材料和消耗品也要准备充分，不要在指导中出现不够用的现象。

六、整顿工作场所

工作现场的整理整顿是安全作业的第一步，在指导之前必须彻底整顿好，力求树立好的榜样。

第三次研习会要点

一、制作训练预定表的方法

1）训练谁？

2）训练何种工作？

3）何时完成训练？

二、指导方法实习的重点

1）进入正确的学习位置。

2）准备好作业物、工具及材料等。

3）将写好的作业分解表交给指导人员。

4）从学习者中选出一位被指导者。

5）按4阶段法开始实施指导。

三、集体讨论指导上的问题点并重复训练

第四次研习会要点（特殊指导方法）

一、冗长作业的指导方法

实际现场的工作常常需要数小时至数天的时间才能完成，因为要指导的内容很难在一次指导中完成。对于这种冗长作业，在指导时应将其分为几段，每一段内容的多少视被指导者的理解能力而定，然后分段实施。

二、噪音现场的指导方法

在噪音大的工作现场，因为指导方法应尽可能在现场进行，如果现场的噪音太大学习者听不清楚，只能将“讲给他听”和“做给他看”分别（分场地）进行，对要让学习者记住的内容部分应尽可能在安静处进行指导，或用书写的方式来进行指导。当然，原则应照4阶段法去做。

三、“感觉”及“诀窍”的指导方法

学到感觉和诀窍的确不是一件易事。如果一开始就指出“感觉”在哪个部位，比完全不教效果要好得多。所以，要设法使被指导者记住正确感觉的方法及可以感觉到的程度。

第五次研习会要点（工作指导方法的总结）

1）用正确的工作指导方法训练部属，可以大大减少训练所需时间，减少浪费，减少废品，减少工具及材料的损坏，进而提高质量，降低成本，增加产量。

2）工作现场会发生各种各样的问题，但是现场主管如果具备了五个条件，即工作的知识、职责的知识、改善的技能、待人的技能、指导的技能，就能完全防止或减少这些问题的发生。

3）掌握并在工作中坚持运用工作指导的技能，就是我们这次研讨的主要目的。

4）工作指导的顺序如下：

①制作训练预定计划表。

②对工作进行分解（一次指导的量，主要步骤，要点，要点的理由）。

③做好指导的准备工作。

④按工作指导的 4 阶段法实施。

5）切记：

员工没有掌握，是指导者没教好。

“指导方法”观察表

(指导员用表)　　　　　　　　　　　　年　月　日

作业		开始时间	结束时间		姓名	方案构想
作业物				指导员		
工具及材料				学员		

准备工作	作业分解	工具及材料	现场的整理
I	心情是否愉快？什么作业？了解的程度？想学习的愿望？		正确位置？

Ⅱ			Ⅲ			
主要步骤	要点	理由	作业动作	步骤	要点	理由

第2和第3阶段的做法	基本形式	不必要的语言	找出要点	确认

Ⅳ	安排工作	帮助人员	时常了解情况	鼓励提问	减少指导次数

“指导方法”观察表

(指导员用表) 年 月 日

作 业		开始时间	结束时间		姓 名	方 案 构 想
作业物				指 导 员		
工具及材料				学 员		

准备工作	作业分解 工具及材料 现场的整理
Ⅰ	心情是否愉快？什么作业？了解的程度？ 想学习的愿望？ 正确位置？

Ⅱ			Ⅲ			
主 要 步 骤	要点	理由	作业动作	步骤	要点	理由

第 2 和第 3 阶段的做法	基本形式 不必要的语言 找出要点 确认
Ⅳ	安排工作 帮助人员 时常了解情况 鼓励提问 减少指导次数

实施工作指导前后的准备与自我评价

（指导员用表）

项目		依据 4 阶段法细目 指导时（怎么做）的要领提示	写明具体实施内容	实施后的自我评价
第1阶段	学习准备	# 1. 考虑说什么，怎样说		
		# 2. 准备实物、模型、图纸等		
		# 3. 明确地询问了解到何种程度		
		# 4. 想好有效的手段		
		# 5. 事先决定好适当的场所及位置		
第2阶段	传授工作	# 1. 使用作业分解，讲给他听，做给他看		
		# 2. 要能够具体地说明要点及其理由		
		# 3. 要准备反复做的情况时的器具、材料		
		# 4. 要注意观察他的脸色及态度		
第3阶段	尝试练习	# 1. 要注意动作的错误及是否会掌握要点之处		
		# 2. 要确认是否能分清主要步骤与要点		
		# 3. 检查是否完全理解了要点		
		# 4. 不要忘记确认要点及其理由		
第4阶段	检验成效	# 1. 清楚地告诉他责任的范围		
		# 2. 找到除自己以外可以帮助他的人		
		# 3. 事前就决定好指导的频度		
		# 4. 营造容易提问的氛围		
		# 5. 寻求适当的后续指导，使其尽早独立		

注：# 表示 4 阶段法的细目内容，表内省略。

训练预定计划表

	作业分解编号												生产变化
人事变动 作业状态													

训练预定计划表

	作业分解编号												生产变化
人事变动 作业状态													

No.________

作业分解表

作　　业：________

作 业 物：________

工具及材料：________

主要步骤 能促使工作顺利完成的主要作业程序	要点 (1) 左右工作能否完成的作业内容（成败） (2) 危及作业人员人身安全的作业内容（安全） (3) 具备能使工作顺利完成的技术（易做）	要点的理由

No.________

作业分解表

作　　业：________

作 业 物：________

工具及材料：________

主要步骤 能促使工作顺利完成的主要作业程序	要点 (1) 左右工作能否完成的作业内容（成败） (2) 危及作业人员人身安全的作业内容（安全） (3) 具备能使工作顺利完成的技术（易做）	要点的理由

No.________

作业分解表

作　　业：打灯头结

作业物：电　　线

工具及材料：——

主要步骤 能促使工作顺利完成的主要作业程序	要点 （1）左右工作能否完成的作业内容（成败） （2）危及作业人员人身安全的作业内容（安全） （3）具备能使工作顺利完成的技术（易做）	要点的理由
1. 将电线双股分开，拉直	留出 15 公分	规格所定
2. 做右边的圆圈	放在主股线的前面	为了正确打结
3. 做左边的圆圈	①向胸前拉 ②绕过左边线头的下面 ③放在主股线的后面	①方便下一步作业 ②为了正确打结 ③为了正确打结
4. 将线头穿过右边的圆圈	——	——
5. 拉成结	①对齐线头 ②向下调整圆圈 ③用力地（拉）	①为了正确打结 ②调整到规格所定位置 ③防止松脱

解说：打灯头结的作业分解在课程中是示范制作作业分解的方法，并不代表这份作业分解是最佳的案例。作业分解需要通过传授作业来验证，并不断完善。

主要步骤的自问：

（根据作业的动作顺序，完成到认为是一个段落的目的时）

① 作业是否进行了一个段落呢？

② 是的。

③ 我做了什么呢？

④ 哦，我把……了。（我做了……）　（自然地描述动作即可）

⑤ 那么，它是不是一个主要步骤呢？（思考判断？）

⑥ 嗯，是的。它是一个主要步骤。

⑦ 判断是主要步骤立刻记下。

记录主要步骤时要思考 / 归纳：这一段落的目的是什么？完成的结果是什么呢？

（尽量用动 + 名词 / 名词 = 动词的形式，简明扼要！）

要点的自问：

（完成一个主要步骤后）

① 要点有三个条件：成败、安全、易做。

② 在这里有没有可能的要点呢？（思考：我总是怎样做的呢？）

③ 噢，我总是怎么怎么做的……（描述作业的关键动作）

④ 我为什么要这样做 / 不这么做会怎么样呢？

⑤ 噢，这么做是为了…… / 不这么做就不能……（推断出要点的理由）

⑥ 那么，它符合成败、安全、易做中的哪一个呢？

⑦ 噢！是成败 / 安全 / 易做。

⑧ 它是不是一个要点呢？

⑨ 噢！是的。

⑩ 判断是要点立刻记下。

记录要点时要思考 / 归纳描述动作的语言，从动作的经验角度思考，简明扼要！

继续自问：

（记录一个要点后）

⑪ 要点有三个条件：成败、安全、易做。

⑫ 在这里“还”有没有其他可能的要点呢？（确认以上要点有否遗漏）

⑬ 噢，没有了。（直至判断没有要点是进入下一个主要步骤的要点判断）

注：作业分解的自问法没有绝对的规定，读者可以根据自己实际的作业状况设定自问的方法。

以上提供的仅是自问方法的概况。

工作指导（JI）4 阶段法卡片

（JI 资料 1）

工作指导

如何做好指导的准备工作

指导开始之前——

制作训练预定计划表——

训练谁……

训练何种工作……

何时完成训练……

对工作进行分解——

列出主要步骤

明确具体的要点

（最重要的是安全第一）

准备好一切所需物品——

准备必要的设备、工具和材料等

整顿工作场所——

为作业人员准备好便于掌握，且易于遵守的作业环境

社团法人日本产业训练协会授权

—工作指导的 4 阶段法—

第 1 阶段——学习准备

使学习者轻松愉快

告诉他将做何种工作

了解他对这项工作的认识程度

激发他学习这项工作的兴趣

使他进入正确的学习位置

第 2 阶段——传授工作

将主要步骤一步一步地讲给他听，做给他看

明确强调要点

清楚、完整、耐心地指导，说明要点的理由

注意不要超出他的理解能力

第 3 阶段——尝试练习

让他试做纠正错误

让他边做边说出主要步骤

让他边做边说出要点

让他说明要点的理由，并确认他完全掌握

第 4 阶段——检验成效

安排他开始具体工作

指定可以帮助他的人

经常不断地检查

鼓励他提出问题

逐渐减少指导的次数

员工没有掌握，是指导者没教好

一般社团法人日本产业训练协会
中外 TWI-MTP 推进研究会
共同著作权经典教程

编号：TWI-JI No____________

培训证书

CERTIFICATE

TRAINING WITHIN INDUSTRY（TWI）

兹证明 ______________ 接受了中外 TWI-MTP 推进研究会（日产训中国）TWI-JI-TTT 资格培训师讲授的日产训版 TWI 普通班教程

特发此证

This is to certify that person named above has attended TWI training organized by Japan Industrial Training Association (JITA)

日产训中国 TWI-JI-TTT 资格培训师编号： 中国第 号

资格培训师签字：________________ 实施日期：______________

中外 TWI-MTP 推进研究会
(日产训中国) 会长 之印

中外TWI-MTP推进研究会会长之印

注：本证书无资格培训师编号，签字，无实施日期均无效
官网查询讲师姓名 www.jitachina.org
(上海能盟企业管理咨询有限公司)

二、TWI 工作改善 (JM) 学员练习手册

TWI—Job Methods Course

坚持改善的问题意识，掌握工作改善的基本方法，是主管应做的工作之一

目　录

Ⅰ 绪 言

现代技术的进步以及产业界日新月异的变化，给各行各业均带来巨大的影响和挑战。

作为现场主管，为了应对持续的变化和挑战，顺利完成自己的工作任务，就要不断地学习掌握新的知识和技能，要勇于变革与创新，走在时代变化之前列。

越是处在这样激烈变革的时代，现场主管就越有必要系统学习掌握TWI训练的基础技能，因为它是现场管理的基本原理原则和技法。

一切进步都是建立在熟练掌握基本原理原则基础之上的，正因为是在变化激烈的现在，我们才更有充分的理由强调，现场主管必须完全掌握TWI。

TWI—JM（工作改善）是在1950年被导入日本并迅速普及活用于日本产业界，很快取得巨大成果，它的科学有效性已经被众多企业的实践所证明。

我们说到改善，并不是一定要做想象中的新的大的项目，而是要求在每天的日常工作中，发现身边的不合理、浪费、不均衡，并努力去消除它，从而达到提高品质、节约成本、缩短时间、确保安全的目的。

现场的主管，是非常了解现场的生产是如何进行的，以及各个员工的喜怒哀乐和现场的实际状况。正是这样的现场管理人员，才是发现生产现场的问题、改善问题的最适合的人选。

但是，说要改善，并非漫无目的，而是必须有科学的方法和手段，也就是要通过作业分解、自问、构思等过程，这样的改善才能取得最好的效果。

这个“工作改善”，是现场主管进行现场改善的最有效的方法。

过去人们常说，“事业即人”，现场主管要起模范带头作用，让职场上充满自我启发、相互启发的风气，这也是大家的重要任务之一。

努力学习本手册，让TWI在你的职场上结出硕果吧！

Ⅱ 什么是TWI

TWI是第二次世界大战时，由美国军方的技术人员开发并普及的一种训练方式。自第二次世界大战后导入日本以来至今为止，除广泛应用于生产部门及服务部门以外，也被活用于各行各业的职场，且均取得了巨大的成果。

这种训练的基本理念是：

①尊重人性，即承认世间的每一个人都有存在的价值和尊严。

②用科学的方法，也就是要消除作业（业务）上的不合理、浪费及不均衡。

另外，TWI的基础训练（10小时训练）的特征是：

①定型化，标准化。

②通过讨论与实际练习来进行。

③与知识相比更重视技能，即相较于应知更重视应会。

④浅显易懂，有速效性。

TWI来自于下面英文单词的字头。

T：Training （训练）

W：Within （内的）

I：Industry （企业）

Ⅲ 职场上常见的问题

职场上的问题是指主管必须要想些办法去解决的事，一旦放任不管就会给工作带来一些不利影响。

实际上，无论哪里的职场都存在着很多给品质（包括工作的质量）、生产（生产量、业务量等）、生产费用（经费、成本等）、安全（事故、灾害等）带来不利影响的问题。

不过，你有没有听说过“在我的职场没有问题，一切都非常顺利”等类似的话呢？事实上必须要意识到：说“没有问题”这种话本身就是大问题。

“熟视无睹”是指，如果没有问题意识，即使是问题就在眼前也会被忽视，而不会采取任何措施。最后，就会对生产（工作）的完成带来重大不利影响。

问题意识就是把问题当作问题来认真对待的姿态。

在正确掌握目标及现状的基础上，通过否定现状的思维方式来培养问题意识，就会对问题变得敏感起来。

如果是带着问题意识去正视职场，不仅对现在正面临的问题以及以前曾面对过的问题，就是对将来可能要面临的问题，也都容易觉察到了。

下面列出一些职场上的常见问题，请对照自己的职场，将这些问题中与你的职场相符合的问题项，用“○”做个记号。另外，如果你的职场还有其他问题，请另写出来。

①工作不顺手。

②检查和例行保养费时费力。

③机械和工作台没有按作业流程布置。

④工具和零件的安置架不在工作现场周围。

⑤流水作业中，有待工现象。

⑥由于是多品种生产，有时会拿错材料和零件。

⑦作业中有不合理的姿势。

⑧材料零件拿上取下动作过多。

⑨搬运和移动时人的走动过多。

⑩单据和资料的填写烦杂。

接下来，进一步考虑一下这些问题的起因。

在之前已做了“○”记号的问题（以及另外写出来的问题）之中，有没有你们生产现场的员工想做改善而不知道如何做的问题(改善技能不足)呢？如有的话，请用“◎”做记号。带有“◎”记号的问题一定有很多吧！

在这种情况下，如果用“工作改善”教会他们改善的方法，那么应该可以排除很多问题的。

像这样，通过找出问题，就可以将问题清楚地呈现出来。

Ⅳ 主管必备的五个条件

1. 什么是主管

TWI所说的主管，不仅指的是职务分工制度上的组长、班长等人，也指在现场上实际管理着一些部属（员工），以及那些指挥或指导他人工作的人。

2. 主管必备的五个条件

主管的主要责任就是要解决自己所负责的现场的问题，使工作能够顺利、确实地向前推进，取得进展，而要完成这些任务，根据经验，需要具备下面五个条件：

(1) 工作的知识

这是关于每一位主管的职务或岗位所特有的知识，是为了能正确地完成任务所必备的知识。例如，在生产方面及服务方面，为了能准确地使用及执行作业标准、设备、材料、销售方法、客户接待方法等所必备的知识。

因为我们处在瞬息万变的技术革新时代，即便是做固定的工作，也要每天学习新的知识，并不断地累积，这是很重要的。另外，在开始新的工作，制造、销售新产品时，理所当然必须掌握新的工作知识。

(2) 职责的知识

这是作为主管所必备的有关责任与权限的知识，是为了按公司的方针、用工制度、作业基准、安全规则、岗位分工制度、业务计划、劳动合同等进行工作的知识。

这种职责知识，因公司、职场而各不相同，所以与此相关的知识，当然包括那些不同之处。

只要我们在职场工作，就必须按照职场的规定来尽职尽责。因此，就有必要充分理解自己承担的职责及相应的权限。

(3) 指导的技能

这是通过充分地培训员工，使其能出色工作的技能。

一旦掌握了这种技能，就会明显缩短从新手到成手的培训时间，并且还会大大降低以往新手到成手过程所产生的浪费、不良品及返修品，减少安全事故，减少工具、设备的损坏和客户的投诉等。

无论主管掌握了多少工作知识和技能，如果没有好的指导技能，也很难把它很好地传授给他人。另外，无论你怎样热心地教，只要对方还是没能掌握正确的作业方法，那也必须重新去指导。

(4) 改善的技能（本工作改善学员练习手册中重点训练的技能）

这是通过细分作业内容进行研究，或是使作业变得简单，或是决定合适的作业顺序，或是把作业进行组合等的技能。

一旦具备了这种技能，就能比现在更有效地利用材料、机器、设备及劳动力了。

(5) 待人的技能

这是一种有助于协调人与人之间的关系，使部属乐意同心协力配合主管工作的技能。

如果主管每天都使用这种技能，就能协调与部属的关系，预防职场上人际关系纠纷的发生；而且，即使发生了纠纷也能很好地处理。这是一种能够了解个人，充分考虑情景，与部属一起心情愉快地工作的技能。

有关“工作改善”的具体内容，都汇总在一张卡片的正反面上了。

V “工作改善”卡片的说明

这张卡片所说明的“工作改善”是：

通过最有效地使用现有的人力、机器及材料，在短时间内，大量地生产优质产品。

这里所说的“工作改善”，不是指大范围的机械、设备的改善和重新布置，而是指通过对身边的人力、机械、材料等有效利用，消灭人力和资财的浪费，以达到工作有效地经济地运行的目的。

第1阶段　分解作业

1. 把现在方法的全部细节，毫无遗漏地详细记录下来
2. ——搬运作业
   ——机械作业
   ——手工作业
   构成了全部的细节

通过分解作业，将现在的工作现状正确地完全地记录下来。掌握与此工作有关的全部事实，这是改善工作的第一步。

1. 第1阶段的要点

(1) 作业分解的目的是什么

- 通过作业分解，可以全面掌握作业的全过程，了解作业的实情。
- 通过作业分解，发现作业过程的改善点和动作的浪费。
- 可以对作业全过程的所有细节进行分析调查。

(2) 什么是细节

- 是指每一个作业的详细的内容。例如，动作、检查、停止(待工、延迟)等。
- 项目2的3个作业是全部细节的对象。

以无线屏蔽板制作和包装为例，可以分解为：

搬运作业:材料及箱子的搬运

机械作业:打铆钉

手工作业:排列、对齐和敲章

这些作业，全部作为细节。这些一般被叫作三个基本作业。

(3) 如何选取细节

- 将作业细节分得越细致，改善工作就可以做得越完善。但是，将一个作业细节分得多大为好，这将根据当时的目的和作业内容及范围判断后作出决定。

(4) 如何记录细节

● 作为原则，动作和其他作业细节记录时尽量描述清楚。

○	×
走到……地方	去取……东西
扳动扳手	用扳手来锁紧
转下手柄	打孔
检查产品的划伤	检查物品
等待10秒	暂时等待

(5) 摘要的内容(想法)和填写项目等

● 将实际作业中的作业细节(动作)状态和条件原封不动地记录下来即可，并不记录过去实际取得的成就和预测将来可能会出现的问题等处置性事项或是想象。

● 距离、时间、公差、不良、安全和姿势、重量、方法、环境、困难、形状、强弱等，有时会做的动作也要填入摘要栏。

● 摘要栏内记录得越多越好，可以从多个角度补充作业细节，同时，也会产生很多解决问题的构思。

填写示范

作业细节	摘要	
	○	×
锁紧	有可能会受伤	不要受伤
搬起箱子	30kg重。2人较难搬	不要掉下
拿榔头	手柄容易滑	握紧些

(6) 分解作业的实施场所

● 分解作业，必须在生产现场边观测边完成。凭着假定和想象的方法来做，不能完全掌握作业的实际状况。

(7) 分解作业时的注意事项

● 必须向员工说明清楚目的，在实际操作中请他们帮个忙，把卡片给看一下等，取得员工的理解和帮助。否则，不可能掌握作业的实际状况。

(8) 其他的留意事项

● 作业细节尽量详细。

● 简单的检查、等待等也不要错过，原原本本地记录下来。

● 同样的重复作业的场合，请不要直接加上作业细节号码。可在作业细节栏中写上“作业细节No.?—No.?重复几次”即可。

● 在做共同作业的作业分解时，可以每人分开写，也可以一起写，但是在摘要栏中写清楚每人的作业内容。

● 如果会做作业分解的话，一般来说，改善工作已经完成了一半。

第2阶段　自问细节

1. 进行下列自问

为什么它是必要的?

它的目的是什么?

在哪里做好呢?

何时做好呢?

谁做最适合呢?

什么方法好呢?

2. 同时对下列项目进行自问

材料、机器、设备、工具、设计、配置、动作、安全、整理整顿

成功的改善，从对现状产生疑问开始。所以，必须有解决这些疑问的能力。这里所说的能力，除了知识和技能之外，还要加上想改变现状的愿望。

在很多场合，现状是存在各种浪费的。在第1阶段，如果完全掌握了现场的实际状况，那么就可以针对这些状况从各个角度来提出疑问，也就是进行自问。作为自问的结果，收集我们所有的想法就是我们第2阶段要做的工作。

什么是6个自问?

为什么它是必要的?

这是个非常重要的自问，也是排在第一的自问。通过这个自问，可以试着讨论一下：这个作业细节是必要的吗?是无论如何必须的吗?不要可以吗?

但是，根据情况也有要还是不要不是很明确的细节。

它的目的是什么?

当这个作业细节是必要还是不必要不十分明确的时候，可以进一步作以下自问：其在安全、品质方面有没有作用?换句话说，一个作业细节，都有其目的，我们必

须讨论其为了达到这个目的所用的手段是否有效。如果是无效的，我们就要通过再一次的自问“为什么它是必要的”来确认。

在哪里做好呢？

做这个作业细节的适合的地方有吗？在哪个班组，哪台机械上，哪个车间用哪台设备来做？这些都是需要考虑的问题。

何时做好呢？

这个作业细节是在开始时做还是在后面做，到底用怎样的顺序做比较好？此外，做的人、机械、材料、设备、工具等何时可以使用？这些也都是需要考虑的问题。

谁做最适合呢？

找到最适合做这个作业细节的人员。

从熟练程度、工作经验、体力等方面来决定最适合人选。

什么方法好呢？

在对必要的细节作“哪里、何时、谁”的自问结束以后，可作这个自问。

在作这个自问时，可以考虑一下有没有一种轻松的安全的有效的工作方法。现在的作业方法，不一定就是最好的。

作这个自问时，可参考卡片第3阶段的“4. 简化必要的细节”部分。

2. 第2阶段的要点

(1) 6个自问的理由是什么

● 通过6个自问，可以方便地找到改善的方法。

(2) 自问的顺序是什么

● 自问的顺序必须按照决定的顺序来进行。

这个理由就是，如果先作“什么方法好呢”这个自问，然后再作“为什么它是必要的”这个自问，万一这个细节是不必要的，那么前面的自问就无效了。这样，就造成了时间上的浪费。

● 在作每一个细节自问时，要在参考摘要上记录的内容和第2阶段的9项内容的基础上，充分讨论后，再进入下一个细节的自问。

(3) 9个项目的用法

● 在细节自问时，请对9个项目用5W/1H的自问分别进行。从这9个项目自问中，可以产生更多的想法。

(4)通过自问有想法时

● 在第2阶段中，当想法产生时，完完整整地把它填入想法栏。

● 在第2阶段中，只要求你把想法收集起来，而不要你去实施想法。

(5)自问前产生想法时

● 把想法先记在作业分解表的空白处。

● 即使在作业分解前或分解中产生了想法，也有必要对每个细节进行进一步的自问和探讨。(以下，对9个项目的自问方法作一个说明。)

材料

可否使用更好、更便宜、更容易买到的材料?

这个作业中产生的废弃物可否被其他的生产所利用?

不良品和废品是否已降到最低?

材料规格明确地规定了吗?

机器

开工率达到最大了吗?

处于最好的运转状态吗?

能够正确地使用机器吗?

使用最适合的机械了吗?

机械和操作者的待工时间有效地利用了吗?

设备和工具

可否使用适合的设备和工具?

操作者是否有相应的设备和工具?

检具和工夹具方面的情况如何?

设备和工具是否处于有效的工作准备状态?

设计

质量是否由于设计和规格书的变更而得到改善?

少许的设计变更是否节约了材料和生产时间?

公差和精加工是否有必要?

配置

返回的次数是否达到最少?

作业的次数和移动的距离达到最低限度了吗?

可以利用的地方都利用了吗?

通道的宽度够吗?

动作

所有的物品放置在适合的动作范围内吗?

能否使用利用重力的补给装置和送出装置?

双手的使用是否有效?

是否已经废除了用手来维持工作状态的作业?

安全

操作是否轻松且安全?

员工对安全规则和防火措施是否充分理解?

正确的安全装置是否在用?

是否经常意识到事故是对人力、机械和材料的浪费?

整理整顿

工作现场和材料放置场是否贯彻了整理整顿?

不良品的放置场所对操作员工、机械、作业台、作业是否方便?

不用的物品是否都收拾好了?

工作需要的物品是否放在规定的地方?

请注意，整顿做得好的地方也是减少延迟、不良品和事故的地方。

(6) 其他的留意点

● 作自问的时候，首先必须否定现状，质疑每个细节。

● 在自问栏里打上√，只表明出自于某个自问的想法的记号。

● 对一个细节作一个自问时，如果在作前面细节的自问时有想法的，请一并考虑这个想法进行自问。

● 自问后，如果产生了想法，而这一想法涉及前面的细节时，请返回，再次作自问。

● 通过“为什么、什么”的自问，来讨论细节是必要还是不必要。对无论如何都必要的细节才作“哪里、何时、谁、什么方法”的顺序的自问。也就是说，将自问分成“为什么、什么”的自问和“哪里、何时、谁、什么方法”的自问两部分。(“为什么、什么”的自问部分是对现状的否定，“哪里、何时、谁、什么方法”的自问部分是对现状的肯定。)

● 按照“哪里、何时、谁、什么方法”的想法，如果出现了“如果……这样做的话，就不要了”的想法，则对前面的“为什么、什么”的自问再作一次确认为好。

第3阶段　构思新方法

1. 去除不必要的细节
2. 尽可能合并细节
3. 按照好的顺序重组细节
4. 简化必要的细节

   为了能更轻松、安全地作业

   ——要把材料、工具及设备放置在适当的动作范围内的最佳的位置上

   ——使用利用重力的供给装置及下降送出装置

   ——有效地使用双手

   ——用工装及安装用具来取代手的动作
5. 也要借助他人的力量进行思考
6. 记录新方法的细节

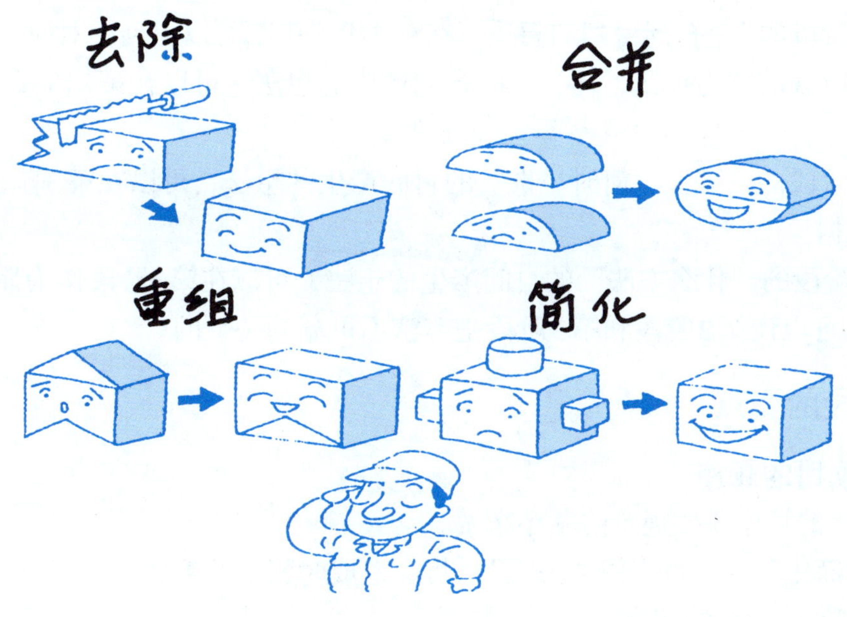

什么是构思？

评价讨论在第2阶段中萌发的想法，去除不必要的细节，合并和重组细节的顺序，作简化处理，是具体构思整个新方法的过程。

去除

从“为什么、(目的是)什么”的自问的答案中，如果可以去除一些不必要的细节，就可以取得很大的改善。其结果是，可以消除人力、机械和材料的浪费。

合并

从“哪里、何时、谁”的自问的答案里，可以将有些必要的细节进行合并。将这些细节合并后，可以减少检查和其他一些作业。

重组

从“哪里、何时、谁”的自问的答案里，将需要的细节按合理的顺序进行重组。将细节作合理排序后，可以减少材料的拿放作业和搬运的浪费及返回次数等。

简化

从“什么方法”的自问的答案里，可以知道只有通过细节的简化处理，才能使作业更方便、更安全而且工作质量也更好。对必要的细节作简化构思时，请活用卡片上第3阶段的4原则。有关这个4原则的内容，将在以后作详细的叙述。

第2阶段和第3阶段的关系

在这里，将第2阶段和第3阶段的关系作一个简单的整理。

第2阶段→自问	第3阶段→构思
为什么？ 什么？	→ 去除
哪　里？ 何　时？ 谁？	→ 合并 → 重组
什么方法？	→ 简化

从第2阶段的6个自问得到的想法，在第3阶段中都可以得到相对应的构思。

从第2阶段的“为什么、什么”的自问产生的想法，可以在第3阶段作为去除的依据。

从第2阶段的“哪里、何时、谁”的自问产生的想法，可以在第3阶段作为合并或重组的依据。

从第2阶段的“什么方法”的自问产生的想法，可以在第3阶段作为简化的依据。

因此，可以说第2阶段和第3阶段是有密不可分的关系的。

3. 第3阶段的要点

(1) 4项目的顺序

- 4项目的顺序要按规定的顺序来做。
- 在“简化”后，再来做“去除”，将会造成时间上的浪费。

(2) 去除不必要的细节

如前所述，通过“为什么、什么”的自问得到想法，去除不必要的细节。

(3) 如有可能，将有些细节作合并处理

通过“哪里、何时、谁”的自问得到想法，有时可以将2个以上的细节合并成一个细节。由2个以上的细节而完成的作业，通过对场所、时机、干活的人的自问，可以将这些细节合并成一个细节。这个过程，称之为合并。

(4) 合理地重组细节的顺序

按合理的顺序重组细节，是根据“哪里、何时、谁”的自问后的想法来作合理的重组。哪里，也就是通过场所的变更来改变布置；何时，也就是通过时机的变更来改变顺序；谁，也就是通过改变操作人员来改变角色和承担的作业。其中，也包含了更有效的工作姿态的意思。

(5) 简化必要的细节

我们在作改善的时候，有4个常用的非常有效的原则。

①要把材料、工具及设备放置在适当的动作范围内的最佳的位置上。

- 放在手容易拿到的地方，这根据人手臂的长度而不同。(举例) 工具和材料等放在手的附近。
- 东西摆放，要使人可以轻松拿取，不要换取或改变方向。

②A.利用重力的供给装置。

- 这是一种利用重力的原理，可以在最佳的位置进行材料和零件补给的装置。(举例) 精米机的米箱和其他设备的送料器。

B.利用重力的落下原理的下降送出装置。

- 利用重力，使产品和零件通过槽或管道滑到下面的接受装置上。(举例) 如各种滑槽等。

③有效地使用双手。

如双手同时装配等，尽可能充分有效地使用双手。(举例) 打字机。

④使用工装、夹具。

● 所谓工装就是一种固定器具。(举例) 靠山、压紧装置。

● 所谓安装夹具，指装在机器上的加工零件用的固定装置。(举例) 钻床上的卡盘、车床的刀架等。

● 按各个工厂的情况，有的工厂工装和夹具之间不作区分。

(6) 新方法实施时的注意事项

● 用新方法实施时，必须取得上司、部属、同事和有关的技术人员、研究开发人员的协助，来进行实施工作。

● 必须将完成的新方法填入作业分解表和提案表。只有这样，才能保存完整的改善记录。

(7) 提案表的填写方法

● 原则上从提案表的内容来看，首先应提到提案的效果，具体来说，可能用数字和金额来表明，其次将提案的内容简单明了、一条一条地写清楚。

● 合作者的名字也要写上，承认他人的功绩。

● 如公司有独自的提案表，也可按公司的表格来填写。

(8) 其他的注意点

● 来自第2阶段的自问的想法，并不是一定都可以全部实施的。请注意，其中可能有些是不能实施的。

第4阶段　实施新方法

1. 使上司接受新方法
2. 使部属接受新方法
3. 取得有关安全、品质、产量、成本的相关人员的最后的许可
4. 把新方法付诸于工作，用到下次改善成功为止
5. 承认别人的功绩

4. 第4阶段的要点

(1) 如何让新方法取得上司的接受

● 准备好公司指定的提案表、样品、简图和其他资料，在适合的时间和场合，向上司作说明。

● 有时，在作试验期间也必须取得上司的许可。

(2) 如何让新方法取得部属的理解

● 新方法试行时或者新方法成功后，应该取得部属的理解和支持。如果部属对新方法的实施感情上不协助、态度上半信半疑，新方法的效果就不能真正得以发挥。

● 将新方法向部属作说明的时候，如果能有效地使用［JI工作指导］和［JR工

作关系］的基本方法，效果就会更好。

(3) 取得相关人员的许可

●取得安全、质量、成本核算和其他相关部门的许可，将会避免今后引起不必要的纠纷。从公司的组织结构上来考虑必须取得哪些科室、哪些班组的认同，并取得他们的同意。

●在任何时候，都必须通过正规的组织程序完成以上手续。

(4) 新方法的实施

●在完成以上3个项目的基础上，请毫不犹豫地进入新方法的实施。

(5) 承认别人的功绩

●这里所说承认别人的功绩，不仅是指那些实际给予过帮助的人，还包括那些协助作方案改善的人。如果不对作出过贡献的人表示感谢，以后再作改善时，可能就不容易得到别人的帮助了。

Ⅵ 作业选择表

无论哪个生产现场，都有很多妨碍生产的问题存在。在这些问题中，很多都是可以用“工作改善”技能，通过工作的改善而得到解决的。

那么，在各位自己的工作现场，以什么方法来找出改善对象呢？

这就需要先完成一份作业选择表。作了作业选择表以后，就能够把握现状，找到必须优先改善的对象，明确应该如何制订改善计划。

现在，就请各位针对自己的工作现场，制作一份作业选择表，并根据作业选择表制订改善计划。

作业选择表的制作方法如下所示：

(1) 填入姓名、现场名称和日期

●无论谁看了都明白，是哪个现场、哪个人、何时制作的。

(2) 在左面的一栏里，写上工位/工序

●作业的大小，由制作者的立场和目的来决定。

作业选择表(例)

王大刚 打包工段 年 月 日	工作延迟	错误多	修理多	有工伤	工具磨损				备考	改善顺序	完成预定日期 作业分解	预定日期 改善提案
产品搬运	×			× ×						1	2/15	2/24
计　　量	×											
检　　查		×	×									
包　　装	× ×				×					2	3/1	3/15

注：×：多；× ×：非常多。

(例)

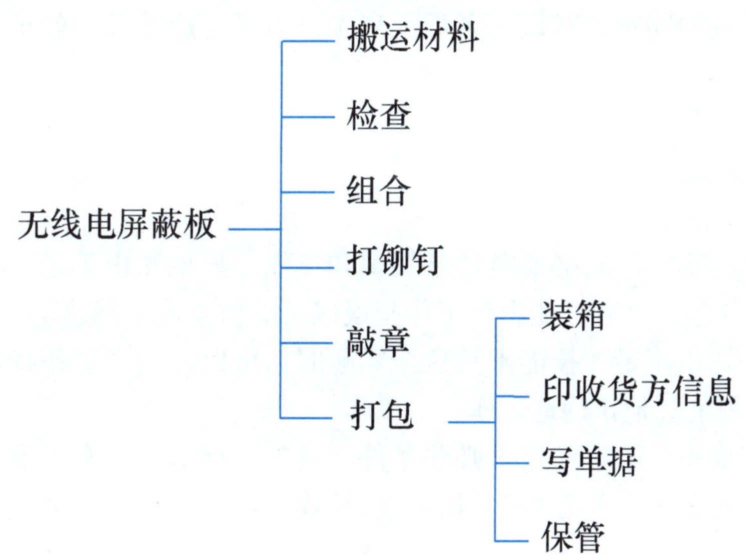

(3) 在最上面一栏写上妨碍生产的问题点

●将生产的问题从左向右全部写上。例如，生产延迟、不良品多、返工多、工具磨损、厌烦作业、成本高、事故多发、卫生不好、危险、材料浪费多等。

(4) 在备考栏写上各种相关信息和注意事项

●填入从作业状况、生产计划等方面注意到的问题及接受到的信息。

(5) 对照 (2) 的工位/工序和 (3) 的问题点，进行确认并在交叉的空格处打上“×”

● 检查以上问题，打“×”。如问题较多的话，打“××”。

● 可用生产月报、工伤报告、灾害统计作为参考。

(6) 填入改善顺序

● 针对打“×”的项目，看哪些是必须马上处理的，哪些是比较容易处理的。在综合考虑的基础上，决定改善优先顺序，并把其序号填入。

● 不要一次安排过多的改善。

(7) 填入作业分解预定日期

● 在和部属商谈后决定。此外，对于比较长的作业的分解也请一并决定。

● 填入作业分解表预定完成日期。

(8) 填入改善提案预定日期

● 改善如果不付诸实施，就失去了意义。可以认为，改善提案预定日期即是完成提案表的日期。

Ⅶ 结束语

关于时刻关注职场发生的问题，带着问题意识去工作的重要性，前面已经阐述过了。问题有很多种类型，从大的方面可分为两大类：（A）关于人的问题；（B）关于物的问题。

谈到关于人的问题，对每一名员工来说，为了完成任务，就要具备3个必要的条件。即：

①必要的知识；

②必要的技能；

③必要的态度。

首先，作为第一位的必要条件是知识和技能，如果知识不足、技能不熟，就不能很好地完成任务，就有可能出现工作延误以及品质差等“问题”。

解决员工知识不足、技能不熟这个问题时，可以使用“工作指导”的技能，只要指导正确，就能让他正确地工作。

其次，如果不具备态度这个必要条件，员工对待工作就有可能没有积极性，不遵守规则，或者由于不关心相互间的关系导致人际关系差，也会成为影响工作完成的障碍“问题”。

对于人际关系这个问题，可以通过活用“工作关系”的技能来解决。

谈到关于物的问题，由于难做的作业、费事的物品移动及搬运、烦琐的使用方法等情况，给品质、生产、成本带来了不良的影响，成了“问题”。

这个问题，可使用“工作改善”的技能来解决。

以上的内容如下表所示。

职场问题与TWI的主要关系

<table>
<tr><th>职场的问题</th><th>解决问题的技能</th><th>TWI—4J的活用范围</th></tr>
<tr><td>关于员工的工作</td><td></td><td></td></tr>
<tr><td>不理解</td><td rowspan="3">活用JI</td><td rowspan="3">使员工能理解作业，
也可以使他变得能干。
（也要活用JM、JR）</td></tr>
<tr><td>不会做</td></tr>
<tr><td>不充分</td></tr>
<tr><td>关于职场的作业方法
及成果</td><td></td><td></td></tr>
<tr><td>难做</td><td rowspan="4">活用JM</td><td rowspan="4">通过改善作业方法及配置等，
使作业变得轻松、易做、有效。
（也要活用JI、JR）</td></tr>
<tr><td>费事</td></tr>
<tr><td>费力</td></tr>
<tr><td>不习惯</td></tr>
<tr><td>关于职场的
人际关系</td><td></td><td></td></tr>
<tr><td>没干劲</td><td rowspan="4">活用JR</td><td rowspan="4">预防与职场的人之间问题的发生，
或妥善地处理已发生的问题，
创造愉快工作的职场。
（也要活用JI、JM）</td></tr>
<tr><td>散漫</td></tr>
<tr><td>人际关系差</td></tr>
<tr><td>人员流动率高</td></tr>
<tr><td>关于安全卫生
的管理</td><td>活用JS</td><td>（也要活用JI、JR、JM）</td></tr>
</table>

注：JI：Job Instruction（工作指导）
JM：Job Methods（工作改善）
JR：Job Relations（工作关系）
JS：Job Safety（工作安全）

参考资料

（含主要使用表格）

1.“工作改善”实施的参考事例

至此，各位对于“工作改善”的如何找出作业对象、推进改善的步骤和所需的相关知识，已经掌握了。

接下来，就是各位根据如下的要领和自己对本书的理解，在自己的工作岗位上进行应用了。

①在完成作业选择表（附表1）后，选取一个最优先需要处理的作业。

②按照“改善方法卡片”的4个阶段，完成作业分解表（附表2）。

这时，对认为问题比较多的细节和它的前后细节，请特别写详细些。

此时，请将任何想到的内容详细地填入摘要栏里，以后将会起很大的作用。

③针对每个细节逐个进行自问，将想法一个不漏地填写。

自问必须按顺序来，然后对9个项目也同时作自问。这样，想法就更具体化了。

④考虑一下“为什么”栏目里已检查过的细节，有没有可以去除的。检查“哪里、何时、谁”栏目中的细节有无可以合并、重组的。在“什么方法”栏目中简化必要的细节。

在要作简化处理的场合，可以充分利用卡片第3阶段中的4大原则。

而且，构思新方法的时候，请不要忘记充分取得部属和其他人的协助，同时也不要忘记随时记下新的方法。

⑤进入第4阶段。在这个阶段里，最重要的是整理好所需的提案表和附属资料。尽快将作业改善提案表（附表3）中的改善效果测定后填好。提案用的作业分解表（附表4）也同时完成，随其他资料一起附在提案表的后面，为正式提交方案做好准备。

⑥等待提案的提出时机，做好向上司汇报的准备。

⑦请准备好教新作业方法时的［工作指导］资料。

附表 1

作业选择表

主管姓名 工作现场名称 日期	妨碍生产事项							备考	改善顺序	完成预定日期 作业分解	预定日期 改善提案
作业名											

2.“有成果的改善”——创造力的发挥

创造力是在工作改善时产生好的想法的土壤，可以取得更好的改善效果。创造力，不仅是在工作改善上，在现场运作和部属的指导培养、人际关系的改善提高中也可以起到很大的作用。

如果满足于现状，就没有进步也没有发展。在有勤奋和创造力的地方，就有繁荣和幸福的存在。可以说，充满人类高度文化的地方，才有创造力。

可是，过去有种误解，创造力是先天的，不是后天可以改变的。其实，创造力是每个人都具有的，与工作改善一样，是可以通过后天的训练得到发展的。这个结论，是已经被实验所证明了的。

可以说，创造力是在具有自由的精神活动的场合才会得以发挥，并通过正确的训练得到发展的。

因此，在企业中起到发展核心作用的主管，要十分关心首先是其自己的，其次是下属的，最终是全体员工的创造力的发挥。

这里，创造力是指人类的优秀的头脑的能力，可将它大致分成4个部分。

①吸收力：观察、关注和理解的功能。

②记忆力：记忆和回忆的功能。

③推理能力：分析和判断的功能。

④创造力：产生想法并具体化，预测产生新的东西的功能。

以上4个项目中，我们把①和②叫学习，把③和④叫思考。

所谓的创造，是发挥创造力得到事物和想法的新的组合和有效的结果。这里所指的“新的”是因环境和人而言的。例如，参照在某个生产现场得到的启发，合并考虑自己的生产现场的实际情况，经过努力取得了有效的成果，这就不单是照搬照抄他人经验的事，而是针对这个生产现场的创造的成果。

如下，作个创造思考和改善工作的顺序的比较。

(创造思考的顺序)	(工作改善的顺序)
①决定目标、方针	①选择改善和改善的地方
②准备	②分解现在的方法
③分析	③对各个细节作自问，并拿出想法
④提出假设	④按新的方法展开，归纳改善方案
⑤成熟	⑤实施改善方案
⑥综合	
⑦评价	
⑧实行	

创造力的发挥，④提出假设和⑤成熟是整个过程的核心。那么，将创造思考的顺序的8个项目与工作改善的顺序的5个项目作比较，可以知道工作改善也是一种创造，也是需要发挥创造力的。

再来考虑一下妨碍创造力的问题。

我们必须清楚地认识到，这也是我们人类自己生下来就有的问题。重要的是，如何转化看问题的方法和思考问题的方法。

在此，可以举出如下一些妨碍创造力的问题：

A. 自我满足、固定观念和习惯性

①被既成的条件和环境所束缚

②因为表面看上去差不多，就认为是相同的

③不能从不同的东西中找出相同点

④不能从周围的状况中找出不同问题的本质

⑤不能从固定的圈子里走出来

⑥压抑好奇心的产生

⑦知识过多(过度自信)

⑧全盘接受统计和推论的结论，不作分析

⑨对事物不作分析讨论，轻率地作出结论

B. 人本来所具有的感情

①害怕犯错误。认为，如果做错了，将会被人戏弄

②对于批评指责的恐惧心理

③对于批评的抵抗心理

④对于提出好的想法的人的嫉妒

⑤过度的竞争和协调

⑥理论万能主义

C. 错觉

①过分地依赖人的感觉器官

②将原因和结果、本质和现象的关系搞颠倒了

这些现象，我们每个人或多或少都有一些，它将阻碍我们的想象力的发挥。

以下，介绍几个发挥想象力的方法：

A. 自问法

这就是在工作改善中已经叙述过的6个自问。即通过：

为什么它是必须的？

它的目的是什么？

在哪里做好呢？

何时做好呢？

谁做最适合呢？

什么方法好呢？

这6个自问，对分解了的每个细节，提出想法。

B.Osborne方法(检查要点)

在第2阶段的自问时，按如下看法和想法来做，就可能找到新的想法。

①没有其他的方法吗

●就这样如何

● 稍微改变一下如何

②可否借用参考其他的想法

● 与此相似的东西没有吗

● 到现在为止，与此相似的东西没有吗

● 参照什么东西为好？有什么可以参照的东西吗

● 参照谁为好

③把它改了如何

● 把它扭转了如何

● 改变它的形状、颜色、声音、动作、方向如何

● 去掉一些东西如何

● 加上一些东西如何

● 把它拿上来、放下去、放高点或放低点如何

④把它反向如何

● 将方向、位置和顺序反向

● 将正反面反向

● 将上下反向

⑤ 将它放大如何

● 加上些什么

● 再多花些时间

● 增加次数

● 把它放长、加厚

● 形状放大，力度加大

⑥将它缩小如何

● 去除些什么

● 更小些

● 压缩了

● 缩短了

● 裁断了

● 分割了

⑦用别的东西来替代如何

● 用其他的成分和要素

● 用其他的材料

● 在其他的场所

⑧对调了如何

● 布置和排列

● 顺序

● 要素的一部分

⑨组合了如何

●打结
●对接
●叠合
C.缺点列举法
找到各自的弱点和缺点，并作改善和排除的思想方法。
例如，雨伞的缺点。
●尖端太危险
●伞骨有时会断
●携带不便
●容易遗忘
●挡横向的雨时，看不清前面
等等
D.希望点列举法
列举希望和愿望点，期望如何来实现的思想方法。
例如，对桌上电热水器的希望点。
●知道其中的热水量
●能长时间保温吗
●可否自动出水
●可否通过使瓶体伸缩来调节其中的水量
E.特例列举法
找出事物的特性，提出想法的思想方法。
将这些特性，按名词、形容词和动词来分开考虑。
例如，照片和图画的框子。
名　词——木头的框
　　　　其他的材料如何
形容词——长方形
　　　　圆形的和屏风状的如何
动　词——从反面加盖
　　　　用磁铁如何
F.机能改善法
特别是从机械设备的机能点上来找出想法的方法。
●提高速度
●小型化
●自动化
●无人化
●耐久化
G.联想活用
像做连字游戏一样，从经验、体验和知识、情报的回忆中找到灵感的方法。有：

●类似联想法

●反对联想法

●接近联想法

H.头脑风暴法

一般，团体提出的想法，比一个人提出的想法要多。这是由于联想的相互刺激和竞争的刺激相乘的结果。

这个方法，又称作头脑风暴法。1939年，Alex F. Osborne在G.E公司实施的创造工学的训练过程中观测到的内容，其后将其中的一部分引入他所在的BBDO广告公司。这就是被外界称作头脑风暴的开始。

其进行方法如下：各参加人员，按以下的基本规则理解进行：

①对所有的发言，不得进行批判。

②欢迎自由奔放的想法和发言。

③把尽可能多的想法收集起来。

④参考他人的想法提出自己的想法。

以上4点，必须绝对地被执行。

这里，必须有一个主持人和一个记录员，人员5 ~ 10位，时间为30 ~ 60分钟。

记下所有的想法，结束后作评价和讨论，提炼出可供实施的内容。

I. KJ法

KJ法，是川喜田二郎本人根据自己的体验，在归纳人类学的探险调查资料时发明的方法。

这些一份一份的资料和情报，表面上看似乎没有什么价值。可是，通过对这些资料的讨论和检查，建立起它的资料体系后，却意外地发现其中存在着许多有价值的东西。从这中间，川喜田二郎得到了启发。他提出，如果按以下的方法来做的话，就会有效果。

首先，将想到的想法和内容，记在名片大小的卡片上，一张卡片写一个想法。按照头脑风暴的做法，写下所有的想法。

尽可能地多写卡片，然后将所有的卡片按内容的近远进行分组。

将每一组卡片的内容，作一个标题。然后，在这一组卡片中，再次分组，写出一个标题。如有需要，还可以继续分组。

其次，将分组的卡片按内容作排列。例如，可以按顺序的关系作纵向排列，也可按相反的内容关系作横向的对比排列。

这样，对头脑风暴的内容作分组和排列后，各个想法的构造就很清楚地浮现出来了。后面，将对其作图解分析。

J.动作经济原则的活用

第3阶段中，在新方法的归纳时有4个原则很有用。这就是Burns所提倡的动作经济原则。在第2阶段的自问中，也可用它来产生想法。

(1) 关于人体的使用

①人的两手，以同时开始使用、同时结束使用为佳。

②除了休息时间以外，不得同时停止工作。

③两手腕不做同样方向的运动，应做相对称方向的运动。而且，以同时运动为佳。

④手和前臂(臂关节以前的部分)的运动比后臂和肩膀的运动来得合理。

⑤尽可能地利用外力。但是，如果这个外力是靠人力来维持和控制的，就应该尽量避免。

⑥尽量避免做运动方向有激烈变化的运动。而且，做顺势的自由的运动为佳。

⑦节奏是操作者做圆滑自动的动作所不可缺的，作业尽量按照轻快自然节奏进行。

(2) 关于工作现场的设备

①工具、材料要定位。也就是说，要准备放工具和材料的固定位置。

②工具、材料、控制装置放在作业位置的附近，尽可能放在操作者的面前。

③使用利用重力的补给装置，材料尽可能在组装位置的附近。

④尽量利用“下降送出装置”。

⑤材料和工具按照作业动作连续的原则放置。

⑥创造使操作者容易看清东西的作业条件，并维持良好的照明条件。

⑦作业台、椅子应事先调整好，使操作者在工作中容易站立和坐下。

⑧工作椅子的高度，以操作者能保持正确的作业姿势为佳。

(3) 关于工具和设备的设计

①如能通过用脚来操作工装和夹具而提高工作效率，应该积极地采用，以便解放双手。

②两个以上的工具，尽可能地作合并。

③工具和材料尽可能为了下面的工作放在固定位置。

④像打字机一样，在对各个手指的动作都作了规定的情况下，设备就必须按各个手指的用力大小来设计。

⑤曲柄和旋大型螺栓的手柄，特别是用力较大的场合，设计时要考虑与手掌面接触尽可能大些。

⑥操纵杆、十字手柄、手轮等，请设置在与操作者的身体的动作幅度最小、输出机械效率最大的位置。

现在方法的布置图

(JM资料2)

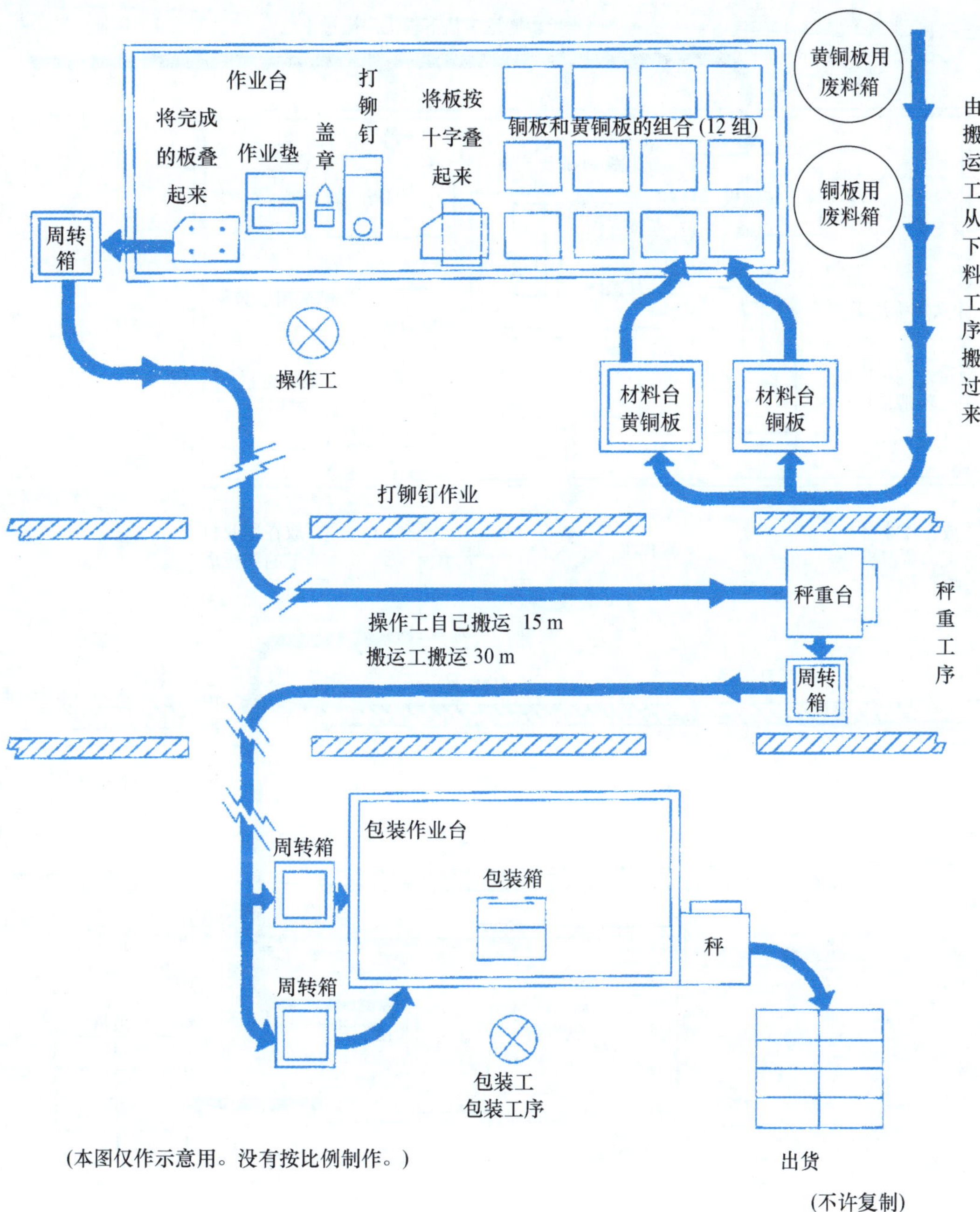

(本图仅作示意用。没有按比例制作。)

(不许复制)

新方法的布置图

(JM资料3)

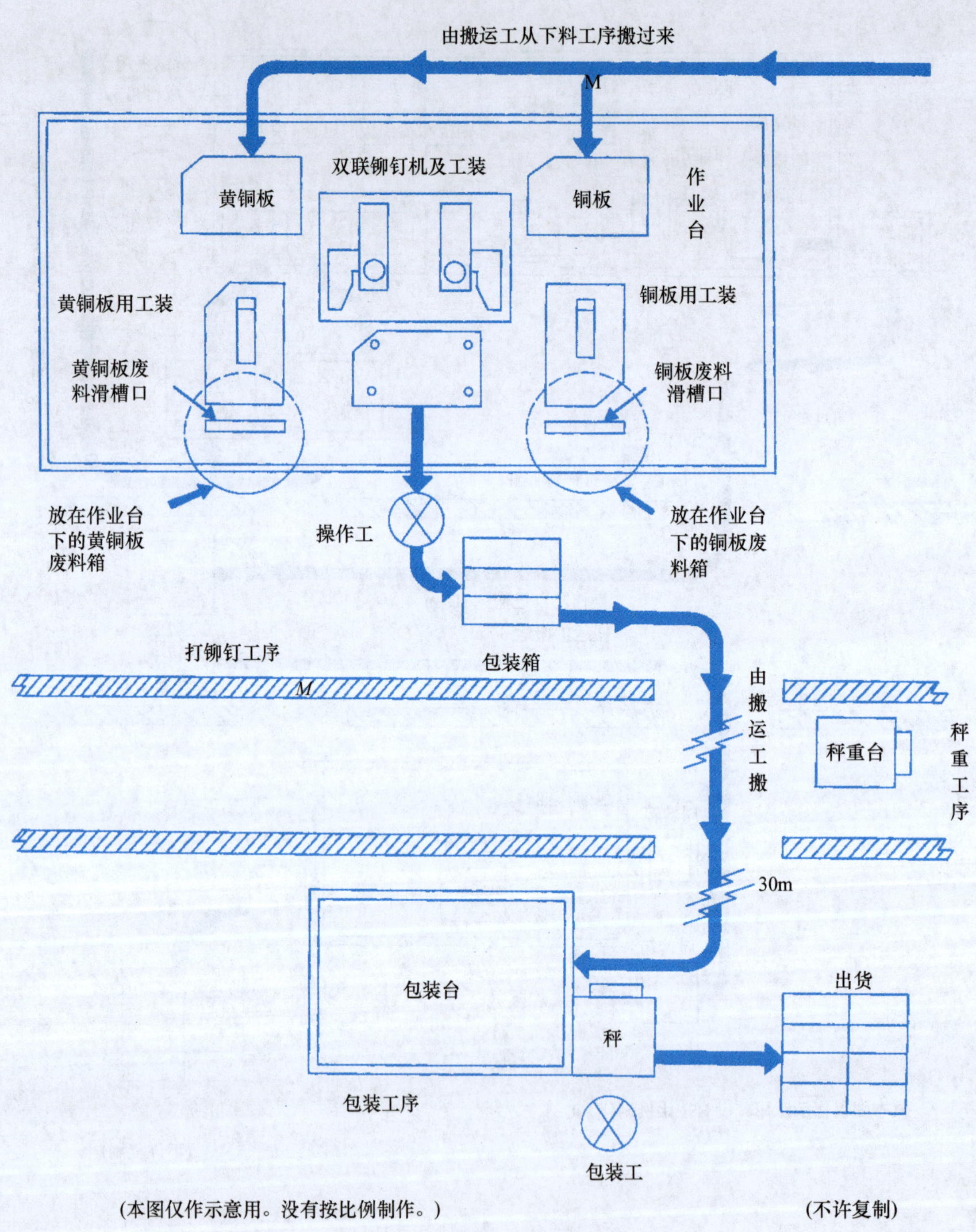

(本图仅作示意用。没有按比例制作。)

(不许复制)

TWI-JM“改善的工作方法”案例
产品名称：无线电屏蔽板
作　　业：检查、组合、打铆钉、敲印章、打包

作业分解表

作业者：李　林　　　　　　　　　　　　　　　　（JM 资料 4）
现　场：打铆钉、打包　　　　　　日期：　　年　月　日

序号	现在 / ~~新~~ 作业的细节		摘要 距离	摘要 时间、公差、不良、安全等	为什么	什么	哪里	何时	谁	什么方法	想法 有了想法，马上填入——不可只用脑子记	去除	合并	重组	简化
1	走到材料台		2m	由搬运工搬过来											
2	拿出 15～20 块铜板														
3	走回作业台		2m												
4	边检查边排列 12 块铜板	4a 检查		划伤、凹坑等不良放到废料箱											
		4b 排列													
5	走到材料台放回多余的铜板		2m												
6	走到放黄铜板的地方		1m												
7	拿出 15～20 块黄铜板														
8	走回作业台		2m												
9	连检查边排列 12 块铜板	9a 检查		划伤、凹坑等不良放到废料箱											
		9b 排列		在每块铜板上一枚一枚地叠放											
10	走到材料台放回多余的黄铜板		2m												
11	走回作业台		2m												
12	将 12 组材料叠合后，放到铆钉机附近														
13	用右手拿出一组														
14	将板对齐，放到铆钉机上			对齐时的公差为 0.1mm											
15	在左上角打上铆钉														
16	移动板材，在右上角打上铆钉														
17	将板回转后，放到铆钉机上														
18	打右下角处的铆钉														
19	移动板材，在左下角打上铆钉														
20	将板回转后，放到铆钉机上														
21	敲上识别图章后，叠放到作业台上			在黄铜板的右下角敲上“上”											
	重复 13 到 21 的步骤														
22	将 12 组打上铆钉的板材，放入周转箱														
23	周转箱满后，搬到称重处称重		15m	作业台到称重处											
24	将填好的称重单据放入周转箱			总重约 15kg											
25	将周转箱搬到打包工段		30m	由搬运工搬											
26	从周转箱中取出无线屏蔽板			由打包工完成											
27	将屏蔽板放入包装箱，200 组/箱														
28	印收货方信息														
29	填写发货单据														
30	保管，等待发货			由搬运工将空的周转箱还回去											

TWI-JM“改善的工作方法”案例
产品名称：无线电屏蔽板
作　　业：检查、组合、打铆钉、打包

作业分解表

作业者：李　林
现　场：打铆钉、打包

（JM 资料 5）
日期：　　年　月　日

序号	~~现在~~ 新 作业的细节	摘要 距离	摘要 时间、公差、不良、安全等	为什么	什么	哪里	何时	谁	什么方法	想法 有了想法，马上填入——不可只用脑子记	去除	合并	重组	简化
1	将铜板叠放到右面的工装上		由搬运工搬过来，放到工作台上											
2	将黄铜板叠放到左面的工装上													
3	右手拿铜板，左手拿黄铜板各取 1 块													
4	检查板材		划伤、凹坑等不良板材放到废料箱											
5	将 2 块板对齐插到安装夹具中													
6	在下面两个角上打铆钉													
7	将板回转 180 度后，再次插入安装夹具													
8	打上面两个角的铆钉													
9	将完工的板（屏蔽板）放在铆钉机面前													
	重复 3 到 9 的步骤													
10	将屏蔽板放入包装箱，200 组/箱		包装箱由搬运工拿来											
11	将装满的包装箱搬到打包工段	30m	由搬运工用手推车搬运											
12	印收货方信息		检查											
13	填写发货单据													
14	等待发货													

附表 2

产品名称：
作　　业：

作业分解表

作业者：
现　场：

（JM 资料 6）
日期：　　年　月　日

序号	现在 新	作业的细节	摘要 距离	摘要 时间、公差、不良、安全等	为什么	什么	哪里	何时	谁	什么方法	想法 有了想法，马上填入——不可只用脑子记	去除	合并	重组	简化

作业改善提案书

(JM资料7)

To：陈　工厂长　　　　　　　　　　日　期：****年 4 月 1 日

提案者：　李　　林　　　　　　　　部　门：打铆钉车间

产品(零件)：无线电屏蔽板

作 业：检查、组合、打铆钉、包装

关于以上的作业提出如下的改善提案

通过以下的改善，每天每人的产量可由800组/每人每天提高到2 400组/每人每天。铆钉机的产量可由3 200组/台提高到4 800组/台。不合格率由5%降低到0.5%。

以前需要由4名熟练工来做的活，现在由2名新手也可做得很好。

1.由搬运工将铜板和黄铜板放到工作台上规定的地方。

2.各个作业台上，设置2台铆钉机。为了将对齐的2块板打上铆钉，在铆钉机上装上了靠山夹具，可以同时打2个铆钉。

3.在安装夹具旁边，有2个工装，可用两手同时取出2块板。

4.材料上的切角已表示了方向，“上”的印章就不要了。

5.空的包装箱直接放在工作台旁，操作工按规定的数量放入无线电屏蔽板。

6.不良的板材，直接从工作台上的废料滑槽口滑落到台面下的废料箱。

请参考作业分解表和简图。

这个提案，得到了小庄先生的协助。

注意：请详细说明这个改善是如何被完成的。

如有可能，请附上作业分解表、改善方法分解表、简图及其他必要的资料。

作业改善提案书

附表3

(JM资料8)

To: ______________________　　日　期: ________ 年　月　日

提案者: ______________________　　部　门: ______________________

产品(零件): ______________________

作　业: ______________________

关于以上的作业提出如下的改善提案

这个提案，得到了　　　　　的协助。

注意：请详细说明这个改善是如何被完成的。

如有可能，请附上作业分解表、改善方法分解表、简图及其他必要的资料。

作业分解表(提案用)

附表4

(JM资料9)

产　品＿＿＿＿＿＿＿＿　制作者＿＿＿＿＿＿＿＿

作　业＿＿＿＿＿＿＿＿　部　门＿＿＿＿＿＿＿＿　日期　　年　月　日

现在的方法	新的方法

5W/1H自问的方法

在第2阶段从各个角度重新考虑操作方法

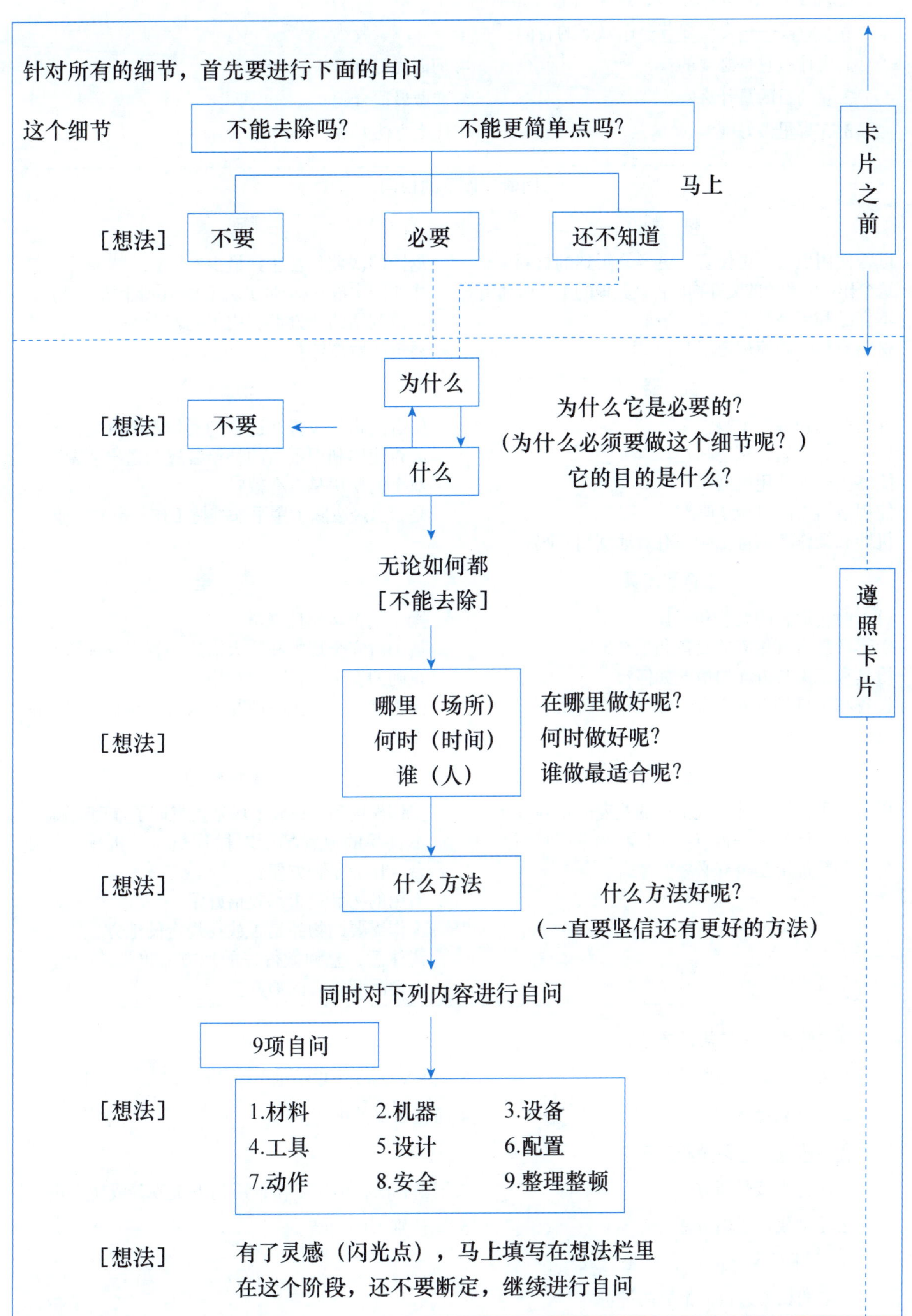

有关材料、设备等9项自问（参考）

第1阶段——分解作业

把现在方法的全部细节，毫无遗漏地详细记录下来。

第2阶段——自问细节→作以下的自问

1. 为什么它是必要的？
2. 它的目的是什么？
3. 在哪里做好呢？
4. 何时做好呢？
5. 谁做最适合呢？
6. 什么方法好呢？

同时作以下的自问

材　料

可否使用更好、更便宜、更容易买到的材料？
这个作业中产生的废弃物可否被其他的生产所利用？
不良品和废品是否已降到最低？
材料规格明确地规定了吗？

配　置

返回的次数是否达到最少？
作业的次数和移动的距离达到最低限度了吗？
可以利用的地方都利用了吗？
通道的宽度够吗？

机　器

开工率达到最大了吗？
处于最好的运转状态吗？
能够正确地使用机器吗？
使用最适合的机械了吗？
机器和操作者的待工时间有效地利用了吗？

动　作

所有的物品放置在适合的动作范围内吗？
能否使用利用重力的补给装置和送出装置？
双手的使用是否有效？
是否已经废除了用手来维持工作状态的作业？

设备和工具

可否使用适合的设备和工具？
操作者是否有相应的设备和工具？
检具和工夹具方面的情况如何？
设备和工具是否处于有效的工作准备状态？

安　全

操作是否轻松且安全？
员工对安全规则和防火措施是否充分理解？
正确的安全装置是否在用？
是否经常意识到事故是对人力、机械和材料的浪费？

设　计

质量是否由于设计和规格书的改变而得到改善？
少许的设计变更是否节约了材料和生产时间？
公差和精加工是否有必要？

整理整顿

工作现场和材料放置场是否贯彻了整理整顿？
不良品的放置场所对操作员工、机械、作业台、作业是否方便？
不用的物品是否都收拾好了？
工作需要的物品是否放在规定的地方？
请注意，整顿做得好的地方，也是减少延迟、不良品和事故的地方。

第3阶段——构思新方法

1. 去除不必要的细节
2. 尽可能合并细节
3. 按照好的顺序重组细节
4. 简化必要的细节

第4阶段——实施新方法

1. 使上司接受新方法
2. 使部属接受新方法
3. 取得安全、品质、产量、成本的相关人员的最后的许可
4. 把新方法付诸于工作，用到下次改善成功为止
5. 承认别人的功绩

工作改善（JM）4阶段法卡片

（JM资料1）

工作改善

通过最有效地使用现有的人力、机器及材料

在短时间内，大量生产优质产品的有效方法

第1阶段——分解作业

1. 把现在方法的全部细节，毫无遗漏地详细记录下来
2. ——搬运作业
   ——机械作业
   ——手工作业
   构成了全部的细节

第2阶段——自问细节

1. 进行下列自问
   为什么它是必要的？
   它的目的是**什么**？
   在**哪里**做好呢？
   何时做好呢？
   谁做最适合呢？
   什么方法好呢？
2. 同时对下列项目进行自问
   材料、机器、设备、工具、设计、
   配置、动作、安全、整理整顿

第3阶段——构思新方法

1. **去除**不必要的细节
2. 尽可能**合并**细节
3. 按照好的顺序**重组**细节
4. **简化**必要的细节
   为了能更轻松、安全地作业
   ——要把材料、工具及设备放置在适当的动作范围内的最佳的位置上
   ——使用利用重力的供给装置及下降送出装置
   ——有效地使用双手
   ——用工装及安装用具来取代手的动作
5. 也要借助他人的力量进行思考
6. 记录新方法的细节

第4阶段——实施新方法

1. 使上司接受新方法
2. 使部属接受新方法
3. 取得有关安全、品质、产量、成本的相关人员的最后的许可
4. 把新方法付诸于工作，用到下次改善成功为止
5. 承认别人的功绩

社团法人日本产业训练协会授权

一般社团法人日本产业训练协会
中外 TWI-MTP 推进研究会

共同著作权经典教程

编号：TWI-JM No____________

培训证书

CERTIFICATE

TRAINING WITHIN INDUSTRY (TWI)

兹证明 ______________ 接受了中外 TWI-MTP 推进研究会（日产训中国）TWI-JM-TTT 资格培训师讲授的日产训版 TWI 普通班教程

特发此证

This is to certify that person named above has attended TWI training organized by Japan Industrial Training Association (JITA)

日产训中国 TWI-JM-TTT 资格培训师编号： 中国第 号

资格培训师签字：________________ 实施日期：______________

中外 TWI-MTP 推进研究会
(日产训中国）会长 之印

注：本证书无资格培训师编号，签字，无实施日期均无效
官网查询讲师姓名 **www.jitachina.org**
(上海能盟企业管理咨询有限公司)

[illegible]
中外TWI-MTP推进研究会
[illegible]

编号：TWI-M No. [illegible]

[illegible]证书

CERTIFICATE

TRAINING WITHIN INDUSTRY (TWI)

兹证明 ______ 参加了中外TWI-MTP推进研究会

[illegible]TWI-JM（TTT）[illegible]

[illegible]

特发此证

This is to certify that person named above has attended TWI training organized by Japan Industrial Training Association.

[illegible]

[illegible]

中外TWI-MTP推进研究会

[illegible]

[illegible]

三、TWI 工作关系 (JR) 学员练习手册
TWI—Job Relations Course

保持与员工之间的和谐关系是
主管理所当然应做的工作之一

目 录

Ⅰ 绪 言

现代技术的进步以及产业界日新月异的变化，给各行各业均带来巨大的影响和挑战。

作为现场主管，为了应对持续的变化和挑战，顺利完成自己的工作任务，就要不断地学习掌握新的知识和技能，要勇于变革与创新，走在时代变化之前列。

越是处在这样激烈变革的时代，现场主管就越有必要系统学习掌握 TWI 训练的基础技能，因为它是现场管理的基本原理原则和技法。

一切进步都是建立在熟练掌握基本原理原则基础之上的，正因为是在变化激烈的现在，我们才更有充分的理由强调，现场主管必须完全掌握 TWI。

TWI—JR（工作关系）是在 1950 年被导入日本并迅速普及活用于日本产业界，很快取得巨大成果，它的科学有效性已经被众多企业的实践所证明。

各位主管，要协调与上司、同事及部属之间的人际关系；要预防职场上的问题发生；当问题已经发生时，要迅速、圆满地解决它；等等。其实，当你确实掌握了 TWI—JR（工作关系）的待人的技能，并把它付诸实践时，就能够建立良好的职场人际关系，部属的工作积极性也会大大提高。

过去人们常说，“事业即人”，现场主管要起模范带头作用，让职场上充满自我启发、相互启发的风气，这也是大家的重要任务之一。

努力学习本手册，让 TWI 在你的职场上结出硕果吧！

Ⅱ 什么是 TWI

TWI 是第二次世界大战时，由美国军方的技术人员开发并普及的一种训练方式。自第二次世界大战后导入日本以来至今为止，除广泛应用于生产部门及服务部门以外，也被活用于各行各业的职场，且均取得了巨大的成果。

这种训练的基本理念是：

①尊重人性，即承认世间的每一个人都有存在的价值和尊严。

②用科学的方法，也就是要消除作业（业务）上的不合理、浪费及不均衡。

另外，TWI 的基础训练（10 小时训练）的特征是：

①定型化，标准化。

②通过讨论与实际练习来进行。

③与知识相比更重视技能，即相较于应知更重视应会。

④浅显易懂，有速效性。

TWI 来自于下面英文单词的字头。

T：Training（训练）

W：Within（内的）

I：Industry（企业）

Ⅲ 职场上常见的问题

职场上的问题是指主管必须要想些办法去解决的事，一旦放任不管就会给工作带来一些不利影响。

实际上，无论哪里的职场都存在着很多给品质（包括工作的质量）、生产（生产量、业务量等）、生产费用（经费、成本等）、安全（事故、灾害等）带来不利影响的问题。

不过，你有没有听说过“在我的地盘上没有问题，一切都非常顺利”等类似的话呢？事实上必须要意识到：说“没有问题”这种话本身就是大问题。

“熟视无睹”是指，如果没有问题意识，即使是问题就在眼前也会被忽视，而不会采取任何措施。最后，就会对业务的完成带来重大不利影响。

问题意识就是把问题当作问题来认真对待的姿态。

在正确掌握目标及现状的基础上，通过否定现状的思维方式来培养问题意识，就会对问题变得敏感起来 。

如果是带着问题意识去正视职场，不仅对现在正面临的问题以及以前曾面对过的问题，就是对将来可能要面临的问题，也都容易觉察到了。

下面列出一些职场上的常见问题，请对照自己的职场，将这些问题中与你的职场相符合的问题项，用“○”做个记号。另外，如果你的职场还有其他问题，请另写出来。

①对工作没有积极性。

②不遵守职场的规则。

③无故缺勤或经常迟到。

④经常打私人电话，无故离席或离岗。

⑤不遵从上司的指示。

⑥缺乏与同事之间的合作。

⑦与年长者及年轻人之间的关系不好。

⑧职场的礼节差（与上司、前辈的讲话方式等）。

⑨老是愤愤不平、发牢骚。

⑩稍有不顺的事情，马上就要求换工作。

⑪职场全体人员士气低落。

接下来，进一步深入下去，就这些问题的起因，请试着思考一下。

在之前已做了“○”记号的问题（以及另外写出来的问题）之中，你们的部属（员工）没有干劲、不想工作、不和谐（干劲的低落或不满）之类的事情，是否会成为出现这些问题的原因呢？如果是，请用“◎”做记号。带有“◎”记号的问题一定相当多吧。

在这种情况下，如果运用“工作关系”中的方法，对这些问题进行处理，其中大部分问题应该是能够消除的。像这样把问题界定出来，是发现培训需求的有效手段。

对于目前在职的员工，不仅在发生实际问题时，就是在下述的情况下，也有必要对其进行培训。

a. 晋级、调换岗位等职务发生变更时。

b. 工作的方法（手段、程序、材料）发生变更时。

c. 生产或业务计划发生变更时。

d. 打算彻底贯彻安全作业时。

另外，对于新员工，因为他们刚走上工作岗位，在大多数的情况下，当然有必要对其进行培训。

Ⅳ 主管必备的五个条件

1. 什么是主管

TWI 所说的主管，不仅指的是职务分工制度上的组长、班长等人，也指在现场上实际管理着一些部属（员工），以及那些指挥或指导他人工作的人。

2. 主管必备的五个条件

主管的主要责任就是要解决自己所负责的现场的问题，使工作能够顺利、确实地向前推进，取得进展，而要完成这些任务，根据经验，需要具备下面五个条件：

⑴ 工作的知识

这是关于每一位主管的职务或岗位所特有的知识，是为了能正确地完成任务所必备的知识。例如，在生产方面及服务方面，为了能准确地使用及执行作业标准、设备、材料、销售方法、客户接待方法等所必备的知识。

因为我们处在瞬息万变的技术革新时代，即便是做固定的工作，也要每天学习新的知识，并不断地累积，这是很重要的。另外，在开始新的工作，制造、销售新产品时，理所当然必须掌握新的工作知识。

⑵ 职责的知识

这是作为主管所必备的有关责任与权限的知识，是为了按公司的方针、用工制度、作业基准、安全规则、岗位分工制度、业务计划、劳动合同等进行工作的知识。

这种职责知识，因公司、职场而各不相同，所以与此相关的知识，当然包括那些不同之处。

只要我们在职场工作，就必须按照职场的规定来尽职尽责。因此，就有必要充分理解自己承担的职责及相应的权限。

⑶ 指导的技能

这是通过充分地培训员工，使其能出色工作的技能。

一旦掌握了这种技能，就会明显缩短从新手到成手的培训时间，并且还会大大降低以往新手到成手过程所产生的浪费、不良品及返修品，减少安全事故，减少工具、设备的损坏和客户的投诉等。

无论主管掌握了多少工作知识和技能，如果没有好的指导技能，也很难把它很好地传授给他人。另外，无论你怎样热心地教，只要对方还是没能掌握正确的作业方法，那也必须重新去指导。

⑷ 改善的技能

这是通过细分作业内容进行研究，或是使作业变得简单，或是决定合适的作业顺序，或是把作业进行组合等的技能。

一旦具备了这种技能，就能比现在更有效地利用材料、机器、设备及劳动力了。

⑸ 待人的技能（本工作关系学员练习手册中重点训练的技能）

这是一种有助于协调人与人之间的关系，使部属乐意同心协力配合主管工作的技能。

如果主管每天都使用这种技能，就能协调与部属的关系，预防职场上人际关系纠纷的发生；而且，即使发生了纠纷也能很好地处理。这是一种能够了解个人，充分考虑情景，与部属一起心情愉快地工作的技能。

在职场上被称为主管的人，多数的情况下，是有几名部属的。当安排这些部属工作的时候，只有当主管想让部属做的工作，在想让部属做的时候，用想让部属做

的方法，在部属不是勉勉强强而是乐意去做的情况下，才能够有效地完全尽到一个主管的职责。

那么，怎样做才能得到部属的配合呢？如果平时能充分地关注部属的身体状况、情绪状态、工作情况等，一旦发现了异常，或是提醒他注意，或是帮助他，就有可能得到部属的配合了。

这时就要使用被称为预防药、预防措施的“建立良好人际关系的基本要诀”，来防止问题的发生，或者即使问题已经发生了，也不要让它变大。

但即使是使用了基本要诀来预防问题的发生，在有人的地方没有问题也是不可能的。

一旦问题发生就要使用“工作现场问题的解决方法”的 4 阶段法来解决问题。

关于“工作关系”的具体内容，都汇总在一张卡片的正反面上了。

V “工作关系”卡片的说明

下面按顺序来说明“工作关系”卡片的正反两面，以及与此相关的内容。

1. 什么是问题

“问题”是指，主管必须要采取某些措施的事。但这里所说的问题是指，各位主管在人际关系方面，如果不采取某些措施的话，就会给生产 (也可以认为是带有事务、营销含义的业务或工作) 带来某些不良影响的事。

主管经常留意自己职场的问题，“这样下去可不行”的感觉就是问题意识。越早地意识到问题，就越容易解决问题。

经营学者德鲁克说：“被没有问题意识的员工所占领的公司，必将灭亡。”

主管应尽早发现职场的问题，把它消灭在萌芽状态。

2. 问题的发生类型及对问题状态的把握

问题的发生类型，是由各位主管何时去应对它，以及那个时候的状况来决定的。

它有 4 种类型，如果充分理解了这些类型，各位主管就能明白早期发现职场问题的重要性，也可以将其作为自己反省的线索。

第 1 种类型　“预想到的”问题

这是指虽然目前问题还没有发生，但是根据以往的经验可以预想得到，如果放任不管的话就会产生问题，因而事先要采取措施的状态。

例如，要下达让 A 部属从下个月末开始长期出差的命令，预想到他可能会发牢骚不答应，那么，就应该事先与其沟通采取措施。

第 2 种类型　“感觉到的”问题

这是指当各位主管在观察部属情况的时候，注意到平时精力充沛的人突然变得无精打采了，好像有什么心事，或是以前一次都没有迟到、缺勤的人突然有一、两次开始迟到了等，当感觉到有些不大对劲的时候，把它作为问题进行处理的状态。

优秀的主管在问题变大、变得明显之前，就开始着手处理它了。

第 3 种类型　“找上门来的”问题

这是指各位主管不经意的时候，或者即使是注意到了，还没有采取任何措施的时候，有来自部属或是其他人的某些苦衷、要求等的报告，于是将这些作为问题进行应对处理的状态。

例如，当部属要求“我不喜欢这个工作，给我换个别的工作”的时候，或是收到来自客户的电话“你那儿的 A 太过分了，想些办法吧”的时候，作为问题进行处理的状态。

第 4 种类型　“跳进去的”问题

这是指某位主管的部属已经无故缺勤一周了，或是工作经常出错（比如有规定要戴安全帽，但是不去戴它等），这时主管认为必须得采取些措施了，在不得不跳进去解决的状态下，作为问题进行应对处理的状态。

以上的 4 种类型如图所示。

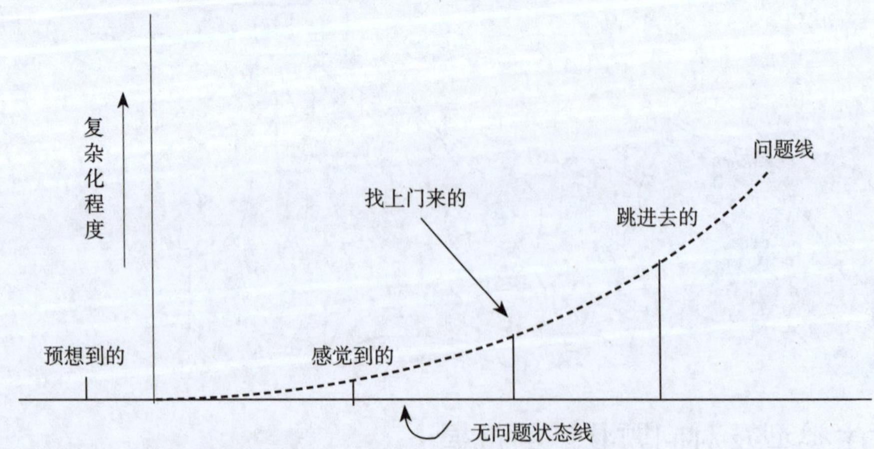

如上所述，问题的发生有 4 种类型，在“预想到的”及“感觉到的”的状态时，基本要诀对预防问题及早期处理问题是有很大帮助的。

另外，这种基本要诀对于“找上门来的”及“跳进去的”的状态也有帮助。但是，与“预想到的”及“感觉到的”的状态相比，问题的复杂程度相差悬殊。

所以，职场的问题应该尽可能在“预想到的”及“感觉到的”的状态下发现并处理。

3. 建立良好人际关系的基本要诀

如果平时在职场上使用了这种基本要诀，那么问题就不易发生，或在问题变大之前就被解决了。即它有助于对问题防患于未然，或防止问题扩大。这种基本要诀的根本出发点就是：“**想让别人为自己做些什么，那就应先为别人去做一些事**。”

⑴ 要告诉部属工作情形如何

这是指，各位主管要经常关心部属所做的工作，做得好的地方要表扬，做得不好的地方要提醒他注意。如果主管关注部属的工作方法，那么部属对那个工作就更加有干劲。这个项目中有2个细目。一个是“明确部属应如何去做”。这是指，为了评价部属工作情况的好坏，对于那项工作，主管必须明确部属应如何去做。另一个是“指导部属如何做得更好”。这是指，当部属所做的工作没有顺利地进行时，绝对不要发牢骚，而应该这样亲切地教给他说：“这里，如果是这么做会不会更好？”

⑵ 表现好时要及时表扬

这是指，当各位主管在巡视部属工作的时候，如果觉得部属做得很好，那么就请用某种形式来表扬他。尽管仅仅是一句表扬的话，但部属可能觉得自己的工作被认可而非常感动。这个项目里也有2个细目。一个是“注意发现与平时不同的出色表现”。这是指，当部属有与平时不同的出色表现时，如果对此给予表扬，那么对方会维持这种状态，也会为了取得更加出色的成绩而努力。另一个是“应能趁热打铁激励部属继续努力”。这是指，如果时机恰当，在部属没有泄气之前马上给予表扬，就会有效果。

⑶ 对部属有影响的变动要事先通知

这是指，由于人都有想让至今为止的状态就这样持续下去的心理，所以如果这种状态有变动时能预先告知部属，部属就会理解并给予配合。这一项目中也有2个细目。一个是“应该尽量说明变动的原因”。这是指，如果说明变动的理由，部属很快就会理解此事。另一个是“设法使部属接受变动”。这是指，在这个时候，即使是多花一点时间，也要好好地商谈。如果能使部属理解变动的必要性，那么部属就会发自内心地配合主管。

⑷ 充分发挥部属的能力

谁都希望有机会能充分发挥自己的能力。如果是在能接近 100% 发挥自己能力的状态下，那么无论遇到多大的困难，都会有想要克服它的心情。在这个项目中也有 2 个细目。一个是“积极挖掘部属的潜在能力”。这是指，应该给部属的潜在技能以充分活用的机会，那么从他的兴趣、娱乐、拿手的技巧等当中，有可能发现令人震惊的才能。另一个是“绝不妨碍部属的发展前途”。这是指，主管由于自己本身的关系，虽说是很器重、很得力的部属，也不应该阻碍他的发展前途。

当各位主管遇到问题的时候，如果能按这 4 个阶段去进行思考或行动的话，就能准确而有条不紊地处理问题了。

“决定目的”

如果各位主管捕捉到问题，最初必须决定目的，即决定想通过问题的解决而获得什么样的结果，或怎么做才能达到不用担心的状态。没有目标的行动容易招致极其危险的结果。决定正确的目的是非常重要的。关于这种目的的决定方法，之后会详细地进行说明。

最后是“必须尊重部属的个人差异，设身处地为部属考虑”。这是指，站在尊重部属人格的根本出发点之上，充分理解每一个部属的过去，以及在条件各异的现实中生存的他或她，包括每一天的身心变化等，按照“十人十个样”去对待部属是极其重要的。

请不要看卡片，说出卡片上的 4 个基本要诀。

提问：

- 如果平常活用基本要诀的话，会有什么好处呢？
- 最近你使用过基本要诀吗？是哪一条？
- 现在你认为有能够使用的基本要诀吗？是哪一条？

4. 工作现场问题的解决方法的 4 阶段法

第 1 阶段——掌握事实

在处理问题时，成为判断基础的就是事实。这个阶段如果能顺利进行，以下各阶段就会成功。掌握事实应该怎么做呢？

⑴ 调查了解迄今为止的全部事情经过

这是指主管将之作为问题进行应对之前的事情，是以与当事人相关联的记录类为中心的事实。经历等也是属于这个细目里的。

⑵ 有哪些规则及惯例

这是指，无论在哪个公司、工厂，大家都认为应该这么做或是必须这么做的事情，写到文件中的就是规则（例如：从业规则、由各职场所决定的规定等），惯例就是长期积累下来的习惯（例如：从业规则中虽没有明确记载，但开始工作前要做广播操）。不论哪个都是必须要遵守的，所以无论是遵守了还是违反了这些规则、惯例，都是作为措施基础的重要事实。

⑶ 与相关人员交谈

相关人员是指，与该问题有关系的所有的人。该问题的当事人是重要的关系人，其他的还有像家庭成员、同事、前辈等相关的人。

⑷ 了解其想法与心情

相关人员的想法与心情会成为解决问题的重要判断材料。掌握这些是非常困难的事情，但如果没有掌握，就无法掌握全部的事实经过。

这种情况下，那个人的感觉及想法，无论是正确的还是错误的，对那个人来说都是事实。这是必须要作为事实来考虑的。对于这种想法与心情的掌握方法，以后再详细地进行阐述。

⑸ 要掌握全部事实经过

这是第 1 阶段的任何一个细目都涉及的注意事项。如果不能毫无遗漏地掌握从事情的起因开始与过程相关的事实，就不能做出正确判断。

第 2 阶段——慎思决定

这是思考与判断阶段。应该怎么做呢？

⑴ 整理全部事实情况

这是指，通过与第 1 阶段所掌握的事实进行比较，考虑有无遗漏的、相矛盾的、重复的等，来进行整理。此外，也要考虑这个事实很重要，或者这个事实不太有价值等这类事情。

⑵ 分析事实的相互关系

这是指，对前面的细目所整理出来的事实，全部加以综合利用，对因果关系、相互关系做出判断。如果只使用一部分事实就下结论，就会得出错误的结果。

⑶ 考虑可能采取的措施

这是指，针对要处理的问题及根据所掌握的事实，考虑各种各样可以试试看的措施。此时，请尽可能多想出一些可能采取的措施。

⑷ 确认有关规定与方针

在诸位的公司、工厂或职场中，如果无视目前正被执行的惯例，以及那里所制定的方针，就无法采取措施。这个细目就是要考虑某个措施是否有实施的可能性。

⑸ 明确其对目的、本人、职场其他人、生产（工作）会有何种影响

这是指，针对前面细目中考虑的可能采取的措施，从这 4 个角度出发，通过价值判断来决定措施。这个时候，不是单纯的数字和符号的加减，而是必须要靠主管良好的常识与判断力来决定的。

⑹ 切记不可急于下结论

这是第 2 阶段的每一个细目都涉及的注意事项。判断的时候，速战速决可能是最理想的，话虽如此，但绝不要轻易地下结论。

第 3 阶段——采取措施

这是实施诸位所决定的措施的阶段。应该怎么做呢？

⑴ 是否应由自己来完成

这里指的是责任。若是诸位自己部属的问题，就应该去帮助，对于别人部属的事情，就不要说三道四。

⑵ 需要哪些人的协助

这里指的是能力。主管知晓自己力所能及的范围是非常重要的。如果认为对于实施某措施有必要，那么向各种人求助，对实施那项措施应该会更有效、更容易。

⑶ 是否要向上级报告

这里指的是权限。各位主管应该自己不断地去做上司委任的事情，但是没被委任的行动是不能有的。就是要考虑，这件事是否自己做就行，或是否应该附上自己的意见再拜托给上司，还是得到批准后再做等。

⑷ 注意采取措施的时机

这里指的是实施的时机。无论多好的措施，如果实施时机不恰当，效果就会非常小。相反，如果在恰到好处的时候实施，效果就会增大。

⑸ 不要推卸责任

这是第 3 阶段的每一个细目都涉及的注意事项。不要自己认为是不喜欢的任务就推给别人。正因为公司期待着诸位能够采取与主管职位相称的行动，所以诸位才能就任于目前的职位。因此你们不应该辜负这种信赖。

第 4 阶段——确认结果

在这个阶段，就是要弄清自己所采取的措施产生了怎样的结果，是否正在出现结果。诸位是否仅仅只是采取了措施就不管结果了呢？确认结果应该怎么做呢？

⑴ 何时确认

这里指的是确认时期。在各位主管所采取措施的最初可能出现结果的时候，要进行第一次的确认。

⑵ 要确认几次

这里指的是确认次数。对于各位主管已采取的措施，有必要持续检查确认若干次，直至能够判定对于该问题已完全没有必要再担心了为止。

⑶ 成果、工作态度、相互关系是否得到了改善

这里指的是，要确认工作成果、当事人及相关人员的态度、相互关系是否得到了改善。

⑷ 所采取的措施对生产（工作）是否有利

这是第 4 阶段各细目共同的注意事项。强调的是在确认自己所采取的措施的时候，对制造工厂来说，“生产”是第一位的，对办公室或服务部门来说，“业务成果”是第一位的，必须把它铭记在心上去确认结果。

是否达到了目的？

这里指的是最后的反省。对于没有达成最初所决定的目的的情况，不是因为目的不妥，就是因为措施不当，所以应该再次从头开始重新思考。

提问：

- 请不要看卡片，说出从第 1 阶段到第 4 阶段的项目及细目。
- 对于问题的处理，一般认为第 1 阶段是基础。
- 那么至今为止有没有因为没有充分地掌握事实，而做了错误的判断导致失败的经验呢？

5. 决定目的的方法

1）一般认为，目的是指“所期待的结果”。那么决定目的的要领是，抓住问题的焦点，按相反方向去思考，大体上就能决定正确的目的了。（例如：如果因“A 不听话”而烦恼，那么“使 A 听话”就是目的。）

2）尽量避免使用过于广泛的目的。（例如：碰到“A 对工作没有干劲”这样的问题，如果定为“使 A 成为理想的员工”这种含糊的目的，可采取措施的范围就会过于广泛。在这种情况下，“使 A 对工作鼓足干劲”更为恰当吧。）

3）目的不要用否定的表达方式，最好是用肯定的形式。（例如：在对“A 经常迟到”感到困惑的情况下，不是“让 A 不迟到”，而是“使 A 遵守出勤时间”这种带有积极性的表达方式更好吧。）

4）最好不要把措施类的东西定为目的。（例如：对于“A 无精打采”的问题，如果把“与 A 一起喝酒”定为目的，那么可能采取“在小饭店里喝酒”“在酒吧里喝酒”等这类范围极窄的措施了。）

5）不能把可能引起其他问题的东西定为目的。（例如：遇到 16 岁的女员工小 B 不愿意加班的情况，如果把“让小 B 乐意配合加班”定为目的，也许解决了小 B 的主管的烦恼，但是让年幼劳动者加班会引起违反劳动法的问题。）

6）也会有目的在中间发生改变的情况。这是指在边掌握事实、边考虑的期间，如果发现最初决定的目的不妥当，那么就应该以事实为基础，改为更加妥当的目的。

提问：

• 请说出决定目的时应该注意的6个事项。

6. 了解想法与心情的方法

现在请回忆一下，在研习会第二天提到的张强的问题。

> **张强的问题的概要**
>
> 主管因张强在摘掉安全罩的情况下作业而警告了他。
>
> 张强反驳道："要是想开除我，直说好了。"
>
> 主管把张强叫到办公室谈话。
>
> 最初有抵触情绪的张强，不久毫不隐瞒地说，因失恋而对一切都感到厌烦了。
>
> 然后，还说出了有关原材料表面粗糙的事情。

"了解对方的想法与心情"，在掌握事实上是非常重要的事情。在这个部分已经探讨过了。

可以认为张强的主管成功地处理了问题，那么秘诀是什么呢？秘诀就是因为慎重地考虑到了每个人感觉的或认为的事情，不论对错，对他本人来说都是事实这件事。

张强的主管是带着这种心理准备去接触张强的，于是"掌握了对方的想法与心情"，从而获得了重要的事实。

那么，张强的主管的心理准备，具体是留意了什么样的点呢？让我们边回顾张强与主管面谈时的情形，边讨论这个问题。

该问题的当事人及相关人员的意见、想法，作为处理问题的判断材料是极其重要的。而且，多数的情况是，对方不想轻易地说出真心话。所以，造成掌握的事实不够充分。作为了解想法与心情的方法，在沟通中有以下6个原则。

(1) 不要与他争论

我们在兴奋的状态下与对方争吵，有过好的结果吗？冷静地听取对方所说的话，是非常重要的。主管在张强生气的时候，当场并没有与他争吵，对吧？

(2) 使他表明心事

可以看出，主管确实是千方百计地使张强讲出了失恋、自暴自弃、材料表面粗糙这样重要的事实。

作为主管，要取得部属的信任、爱戴，重要的是平时就用心与部属沟通。

(3) 不要打断说话

与张强谈话的时候，主管没有做那种半途插话或转移话题，致使张强不愿意继续说话的事吧？

(4) 不要过早结论

急于下结论会扭曲谈话内容。而且，因此可能会断送一切。

主管没有急于下结论，认为张强是因金钱的事而自暴自弃的吧？

(5) 不要独占说话

在那个时候，关于安全、女性的问题，主管没有说过一句像教训人那样的话吧？也没有做只顾自己说，不给对方说话机会这样的事吧？

(6) 做个好的听众

要倾听对方说话就是带着诚意去听。俗话常说：会讲的人首先会听。

可以说张强的主管自始至终都是一个好的听众吧？

以上的 6 个原则，在了解对方的想法与心情方面，是非常有帮助的。只有充分掌握了眼睛看不见的内心的事实，才能做出正确的判断。

提问：

- 你是否敞开心扉，使部属能随时来谈心呢？
- 积极地创造了使部属便于讲话的机会了吗？
- 充分掌握了来谈话的部属的心理状态及周围的状况了吗？
- 请说出 6 个“了解想法与心情的方法”。
- 对于你的职场的实际问题，请使用“了解想法与心情的方法”，并确认其结果如何。

Ⅵ 从“工作关系”看主管的应知应会

通过10小时的讲习，对所学的“工作关系”的要点，应该都理解了。那么从现在起，从职场的“工作关系”的角度出发，对于作为主管的心理准备等进行阐述。

1. 主管通过部属取得成果

主管在自己负责的职场，承担着许多必须要履行的责任。即担负着增加生产（业务）、提高品质、降低成本（经费）、确保安全（保健、卫生）、训练员工等各种各样的责任。

然而，无论要完成哪一项任务，都是要得到部属的配合才能达成的。关于这一点，如果你试想一个部属都没有的情形，就会马上明白了。

在部属与主管之间，存在着来自两个方向的人际关系，一个是来自主管的下命令、发指示的方向，另一个是来自部属的报告、联络、商谈和提出各项改善建议的方向。主管必须平时就用心，使这种关系保持畅通无阻、正确和强劲有力。

2. 主管必须尊重部属的个人差异，设身处地为部属考虑

观察每一位部属的时候，无论是谁，都因受到各种原因（环境、经历、健康、兴趣、收入、朋友关系等）的影响而变得各不相同。而且，即使是同一个人，由于每天条件的变化，心情及身体状况也会有所不同。由此，就会产生工作状态的差异。如果上司不分每个人的个性简单同样地对待你们，你们的心情会如何呢？按照“十人十个样”的道理，对待部属的时候，既要考虑当时的条件，又要尊重部属的个人差异，要设身处地为部属考虑。

3. 要活用“工作关系”

⑴ 关于人际关系与职场规定

在主管中，常常有人把“人际关系”这个词的意思，误解为调和气氛。因此就姑息部属、讨好部属，形成了不痛不痒式管理，这会使职场管理变得过于松懈。

请再仔细看一遍“工作关系”卡片。

在第 1 阶段中，有通过考虑“有哪些规则与惯例”来掌握事实；在第 2 阶段中，有“确认有关规定与方针”这样的细目，也就是说，无论想出了多么好的措施，如果它违反了公司的规定、方针等，那就不能采用。

在第 1 阶段中，虽说要“了解其想法与心情”，但决不是指，要照当事人说的那样去做。而是指，把它作为一个事实来考虑。理所当然，职场的人际关系需要“爱”，同样重要的是不要忘记“严格”。应该有许多关系到职场规定的问题，如无故缺勤、脱岗、工作时间闲聊、拒绝加班、违反安全服装规定等。

在职场问题很多的情况下，要充分认识到两个方面的问题：①不平不满问题。②与职场规定有关的问题。

提问：

- 主管不能责备部属吗？

⑵ 关于生活指导与私人干涉

职场主管要处理的问题是指“主管必须要采取某些措施的事情”。即如果放任不管，就会给工作带来某些不良影响的事情。这种情况下，“工作”就有了广泛的含义，不仅仅是“量”，也认为它还包含“质”及“职场规定”。

公司下班后及休息日等，部属的行动就完全是个人的自由了。涉足已成年部属的私生活就变成“私人干涉”了。但是如果由于私生活的紊乱，出现了无故缺勤、迟到等行为时，这当然就是前面所述的主管要处理的问题了，就成了必须要采取某些措施的事情了。这也就是指业务上必要的“生活指导”，但决不是“私人干涉”。根据情况，必要的时候也有进行家庭访问的。

提问：

- 各位已了解了作为主管该如何处理职场问题与部属的个人问题（私事）间的关系了吗？
- 部属对赌赛马或自行车赛等过于热衷，以至于到影响工作的地步，作为主管应该怎么办才好呢？

4. 使用“工作关系”的问题范围

因为“工作关系”讨论的是关于人与人之间关系的问题，从广义上讲，它适用于我们全部的社会生活。但是对于职场主管责任范围内应该处理的问题来说，就必须限定为“在职场上的人与人之间的关系”。

因此，不能将纯粹的个人问题作为职场问题来对待。

但是，这些问题还是可以作为关于部属个人的“事实”来接受，或者作为“措施”来采纳。那么对此，谁应该介入，到何种程度为止，就要依据该公司的方针及惯例，还要凭借作为主管的良好的常识及判断力。

当然，并不是说对于这些问题，主管完全不关心为好。虽说不用作为职场问题去负责对待，但是离开职场后，作为一个社会人在良好的常识及判断力的基础上去如何对待它则是你的自由了。

提问：

- 关于部属的失恋问题，作为主管，在什么情况下可以介入帮助呢？

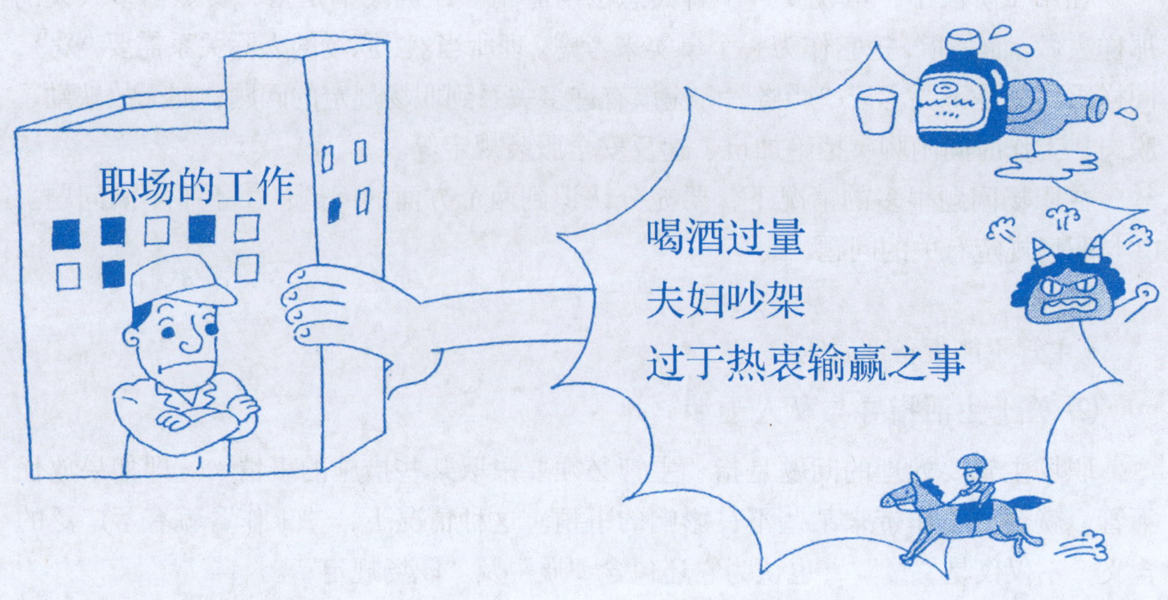

5. 要充分了解部属

主管要圆满地完成其任务，不是一件容易的事。因为职场总要发生一些因人而引起的问题。

主管不但要具备有关该职场的工作、机械、设备等知识，而且要了解人，即了解对待部属的方法，这也是非常重要的。仅仅具有职场工作的出色技能，并不等于具备了作为主管的资格。相反，这可能使他容易忘记作为主管的其他的重要职责。如前所述，因为部属各自的经验、能力、需求等各不相同，所以主管要充分注意每一位部属的个性。

由于主管每天都要面对妨碍工作顺利进行的问题，所以往往会忽略部属的问题。

为了使业务、生产能顺利进行，主管往往倾向于只考虑工作的事情。但是，主管一定不能忘记经常关注部属的行为，因为熟知其心情、感情、态度、健康、周围的条件等，与生产问题同样重要，甚至比它更重要。因此要与部属充分交谈，也要倾听部属的话，同时有必要关注部属的行为。

如果能像这样尊重个人差异，充分了解部属，那么主管就能充分地管理部属了。

(1) 妨碍了解部属的因素

了解人可不是件容易的事。主管常说："让他做一次工作试试看，马上就知道他是什么样的人了。"这种想法未必正确。下面，我们来探讨一下那些妨碍了解人的各种习惯。

A. 对号入座型的习惯

各位主管是不是会把人分为某些类型，并且将其对号入座放入自己想象的类型中去呢？就像镶在"铸模"里一样。例如我们常会说，"那个男人八面玲珑"或"那个家伙很难缠"。但是用这样一句话，就能给人下结论吗？我们应该从各种角度去研究人。

B. 都一样型的习惯

各位主管常会说"他和某某人一样"。然后每次见到他时，就会只注意那些相似点，而忽视了不同点。一旦对此深信不疑，就会忽视其他必须要了解的事情，也不会发现他的优点及能力了。

C. 合格不合格型的习惯

有主管常会说"如果按照我的指示去做，就可以成为优秀员工，反之就没有前途了"。因为这位主管把人分为两类，所以他对人的评价就只有合格、不合格两种，而没有中间的评价。总之，这是因为他没有使用理解人的技术，而是使用了检查产品的技术。

人是不能用"二者之一"来区分的。根据某研究结果表明，约三分之二的人具有普通程度的普通性格。换句话说，普通人比较多，相差悬殊的人较少。所以不要用"二者之一"来区分人，而是要在"程度"上加以研究。

另外，主管往往会通过部属是否会做好主管自己拿手的工作，来判断部属的好坏，因而也就不会注意部属在其他重要工作上技能的好坏。对人的评价是不能只用一种尺度来衡量的。

D. 公式型的习惯

这也可以称之为套路型，即只使用某种既定的方法来对待某种类型的人，比如常说的"对于资深者，就让他一个人去做""对于不满的人，就制定规则""对于新员工，就做给他看，讲给他听"。但是这种方法认为"最好是用某种既定的方法去做一件事"，无视"十人十个样"的道理。因为人存在着个体差异，所以不能把人像零件、机械器具那样来分类，或用公式去套用。

E. 忽视部属个性的习惯

因为有些主管已习惯于寻求部属的共同点，因而不太注意个人特有的兴趣、能力及性格。但正是这些特性才是与部属缔结良好关系的重要基础，好的管理应是建立在掌握了这些特性的基础之上的。

因为所有的人都是彼此相异的，所以才有所谓的优秀特性。而且，每个人都希望在某个领域让自己的个性得到充分发展。

主管应区别对待这些人所具有的独特的、而且各不相同的人格，发现他是个怎样的人，以及适合于做什么，重要的是使他适应于职场。

⑵ 了解每个部属的方法

主管怎样才能充分地理解部属，使他能适应于职场呢？这需要通过与部属充分交谈、询问、观察，掌握在外表及第一印象背后的东西，这样才能了解他的心情和感想、对事物的反应方式以及他的性格形成的背景是什么。一般认为，主管在了解了每个人的基础上，有必要进行与下列项目有关的询问或者观察。

这种情况下不是寻求“二者之一”，即“认真还是不认真”“是白还是黑”，而是要记住相关的“程度”，即重要的是要了解他们在下列事项的程度如何？

①他（她）对工作感兴趣吗？

②他（她）对工作的注意力是否散漫？

③他（她）的工作很出色吗？

④他（她）对指导的内容总是能够理解吗？

⑤他（她）是否适合于那项工作？

⑥他（她）与职场的人充分合作了吗？

⑦他（她）能独立地工作吗？

⑧他（她）得到上司的赏识时，有什么样的反应呢？

①他（她）对工作感兴趣吗？

部属会特别关心工作与自己的将来之间的关系，而且也会关心自己的工作与职场全体的工作及成品之间的关系。

有时，由于懂得了机械的性能、原理，所以变得对工作更加感兴趣了。通过提高这种关心与兴趣，部属会更加进步，而这种进步又会引起下一个兴趣。了解部属的兴趣所在，在指导部属方面很重要。但是有时会出现虽然很有兴趣但做不好的情况。

②他（她）对工作的注意力是否散漫?

新转入的部属由于对职场的地理及人的环境不熟悉，或是过分介意，会发生不能集中精力工作的情况。这种情况下，暂时更换工作（职场内）、重新安排工作也是一种方法。

③他（她）的工作很出色吗?

当部属不遵守被教导的事项时，首先从对方最初表现出来的兴趣着手，其后的指导也要与其兴趣挂钩，以前不会做的，要使他（她）学会做。

④他（她）对指导的内容总是能够理解吗?

没有正确理解被指导的内容就去工作，却要接受对所做的工作的评价，对部属来说，没有比这更不得已的事了。

当部属误解所指导的内容时，不要指责说“不行”，而是要充分调查对方的经验、兴趣，在此基础上有耐心、有计划地进行指导。也常有通过教授工作的符号、专门用语，就能解决的情况。

⑤他（她）是否适合于那项工作?

在确认了是否进行了适当的指导之后，再考虑是否适合。而且绝对要避免这种情况，即只因为不擅长某一项工作，就马上认为其他的工作也都做不好。可以说，几乎不存在对全部的工作都不胜任的情况。

⑥他（她）与职场的人充分合作了吗?

有时会出现部属虽在工作上有能力，但因不能与同事合作而无法完成任务的情况。这时，作为主管首先应该反省的是，你自己在对待职场员工方面有无不公之处呢？也可能会出现必须要考虑职场全体的再编组的情况。

⑦他（她）能独立地工作吗?

大部分的部属，虽然会碰到各种挫折，但不久就能独自应付了。可是，其中也有得不到帮助就会受挫的情况。特别是在失败的时候，不要用前述的“对号入座型的习惯”去进行评价；同时反过来考虑，对那些处处胆大的人，冷静地显示工作的现实也是非常重要的。

⑧他（她）得到上司的赏识时，有什么样的反应呢?

可以认为“认可”部属是使部属进步向上的最好的手段。但是如果不充分考虑其方法的优缺点、难易程度及对部属的影响等，反而可能会得到相反的效果。这种情况下，必须充分认识到部属的反应是因人而异的。

通过以上8个项目，对主管在对待每一位部属方面应积极推动的各点进行了说明。正所谓，“人是复杂的”。

所以说，职场的管理技能决不是一夜间就能简单掌握的。请边参考前述的“主管须知”，边在职场中运用待人的技能，并通过日复一日地不断努力而使之得以提高。只有这样，你自己和你的部属们以及公司全体才能一起向前发展。

[参考] 主管与部属以外的人际关系，用双箭头的线来表示人与人之间的关系，重要的就是使它保持正确、强有力且畅通无阻。

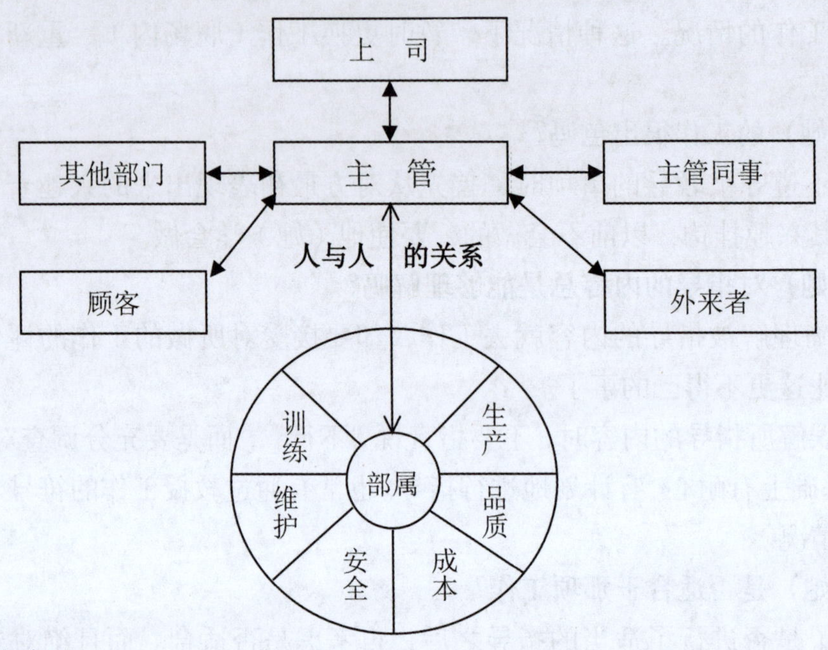

Ⅶ 结束语

关于时刻关注职场发生的问题，带着问题意识去工作的重要性，前面已经阐述过了。问题有很多种类型，从大的方面可分为两大类：（A）关于人的问题；（B）关于物的问题。

谈到关于人的问题，对每一名员工来说，为了完成任务，就要具备3个必要的条件。即：

① 必要的知识；

② 必要的技能；

③ 必要的态度。

首先，作为第一位的必要条件是知识和技能，如果知识不足、技能不熟，就不能很好地完成任务，就有可能出现工作延误以及品质差等“问题”。

解决员工知识不足、技能不熟这个问题时，可以使用“工作指导”的技能，只要认真去用，就能让他正确地工作。

其次，如果不具备态度这个必要条件，员工对待工作就有可能没有积极性，不遵守规则，或者由于不关心相互间的关系导致人际关系差，也会成为影响工作完成的障碍“问题”。

对于人际关系这个问题，可以通过活用“待人的技能”来解决。

谈到关于物的问题，由于难做的作业、费事的物品移动及搬运、烦琐的使用方法等情况，给品质、生产、成本带来了不良的影响，成了“问题”。

这个问题，可使用“改善的技能”来解决。

以上的内容如下表所示。

职场问题与 TWI 的主要关系

<table>
<tr><th>职场的问题</th><th>解决问题的技能</th><th>TWI—4J 的活用范围</th></tr>
<tr><td>关于员工的工作</td><td></td><td></td></tr>
<tr><td>不理解</td><td rowspan="3">活用 JI</td><td rowspan="3">使员工能理解作业，
也可以使他变得能干。
（也要活用 JM、JR）</td></tr>
<tr><td>不会做</td></tr>
<tr><td>不充分</td></tr>
<tr><td>关于职场的作业方法及成果</td><td></td><td></td></tr>
<tr><td>难做</td><td rowspan="4">活用 JM</td><td rowspan="4">通过改善作业方法及配置等，
使作业变得轻松、易做、有效。
（也要活用 JI、JR）</td></tr>
<tr><td>费事</td></tr>
<tr><td>费力</td></tr>
<tr><td>不习惯</td></tr>
<tr><td>关于职场的人际关系</td><td></td><td></td></tr>
<tr><td>没干劲</td><td rowspan="4">活用 JR</td><td rowspan="4">预防与职场的人之间问题的发生，
或妥善地处理已发生的问题，
创造愉快工作的职场。
（也要活用 JI、JM）</td></tr>
<tr><td>散漫</td></tr>
<tr><td>人际关系差</td></tr>
<tr><td>人员流动率高</td></tr>
<tr><td>关于安全卫生的管理</td><td>活用 JS</td><td>（也要活用 JI、JR、JM）</td></tr>
</table>

注：JI：Job Instruction（工作指导）
JM：Job Methods（工作改善）
JR：Job Relations（工作关系）
JS：Job Safety（工作安全）

参考资料

实施“工作关系”之际的参考事例

通过以上的内容，大家已经明白了有关“工作关系”基础训练（10 小时讲座）的要点及相关知识。那么，从今往后各位主管就要亲自将“待人的技能”活用到实际当中了。练习后面记载的职场的“问题处理表”的使用方法，将其应用于各位主管目前感到困惑的问题处理上。

这种问题处理表，对于今后各位主管处理人际关系问题，是非常有帮助的。而且，随着平时的不断运用，会在不知不觉中自然而然地掌握“待人的技能”。一张张的处理表，会逐渐减少主管的职场问题，各位主管的职场将随之变得越来越顺畅。

在使用问题处理表之际

问题处理表——它是把卡片上的 4 阶段法与基本要诀汇总到一页纸上，方便在职场上随时使用。在使用它之前，让我们通过参考事例及处理单的记入事例，来了解一下填写方法。

参考事例

● **以下是使用第 1 阶段“掌握事实”的部分**

Y 组长所属的单位是生产汽车零件的。在本月的中旬，安全装置的订单突然增加了。单位因此决定，从其他职场包括 Y 的职场，各抽一名共计三名的支援者，在下月的 1 号到 20 号期间，到 S 组长的职场去支援。忙的时候，各职场之间相互支援是公司的惯例。

Y 组长共有 4 名部属，其中适合支援的只有 A 一个人。A 在 S 组长的职场有很长一段时间的工作经验，并且技能也非常优秀，但与同事间的关系不太融洽。

在 S 组长的职场，过去与 A 关系不太好的 B，现在已升到领导层了。

就这样让 A 去支援的话，恐怕会与 B 再度发生问题。

这就是 Y 组长目前所面临的问题。

此时，Y 组长掌握的事实如下所述。

A——27 岁，职高毕业，住在单身宿舍，老实、沉默寡言、易怒，几乎没有朋友，7 年工作经验（在 S 的职场 4 年，在 Y 的职场 3 年），至今没有对支援工作厌恶过。

于是，Y 组长做了进一步的调查，得到了以下的事实。

B 到 S 组长的职场工作了一年半左右后，偶尔会迟到 30 分钟左右，所以有时会耽误作业。B 所做的是 A 的前工序的作业，一次 B 的迟到使 A 很焦急，因此就大声地斥责了 B。从此以后，两人关系就搞僵了。S 组长对这些事情也非常了解。

B——28 岁，高中毕业，住在自己家，技能一般，性格开朗，朋友多，最近 2 年没有过迟到或缺勤。

Y 组长以上述事实为基础，马上使用问题处理表，对问题进行了处理。

● **以下是使用第 2 阶段“慎思决定”的部分**

Y 组长想到了如下的措施。

首先，关于 S 组长的职场的增产计划及相关情况，与 A 进行详细交谈。然后，说明 A 是支援的最适合人选的理由。

其次，与 S 组长见面，请求他让 B 能充分理解增产计划与 A 的支援间的关系。然后尽可能让 A 与 B 担当的工序有一些距离，在中间安排一名其他的作业员。

再次，在 A 最初的支援日，哪怕是在午餐时也行，拜托 S 组长把 B 最近的工作情况告诉 A。

但是，根据卡片上第 2 阶段第 5 个细目，即对 4 个方面进行确认的结果，鉴于在 A 与 B 担当的工序中安排另一名作业员的措施对 S 组长的职场的影响，于是决定取消这项可能采取的措施。

● **以下是使用第 3 阶段“采取措施”的部分**

Y 组长对其他的 4 项措施，在“责任”“能力”“权力”方面做了一一确认之后，在 A 去支援的一周之前，实施了以上措施。

转眼到了支援的日子，Y 组长带着 A 去见 S 组长，打招呼说“请多关照”之后就回去了。

● **以下是使用第 4 阶段“确认结果”的部分**

Y 组长由于担心事情是否进展顺利，第三天下班后，让 S 组长顺便过来，询问了支援以后的状况。结果是产量还没有达到预定计划，至于 A 的态度以及 A 与 B 的关系，还处于说不出什么的状态。

又过了 4 天以后，当 Y 组长去拜访时，S 组长很高兴地说：“工作已经开始达到预定的进度了。”但是，A 与 B 的关系既没有特别不好的地方，也感觉不到特别有所改善的气氛。

很快，从最初的支援日起已过去 2 个星期了。那一天的中午，S 组长来到 Y 组长处，告诉他工作已超过了预定的进度，A 与 B 最近也开始经常交流了，而且午休时全员一起打排球了等。

Y 组长想到还有几天 A 的支援就要结束了，就再一次重读了卡片上的基本要诀（对部属有影响的变动要事先通知，充分发挥部属的能力）。

㊙

与人相关问题的解决表

（主管通过部属取得成果）

No.________

问题的焦点			如果就这样让 A 去支援的话，与 B 之间可能会再度发生问题	
问题的发生类型	预想到的	找上门来的	目　　的	改善 A 与 B 的关系，使支援顺利完成
	感觉到的	跳进去的	变更目的	

1. 掌握事实（要掌握全部事实经过）		做成本人调查表即详细地记载着个人过去纪录的卡片	
迄今为止的事情经过 规则、惯例 与有关人员交谈 了解其想法与心情 全部事实经过	（本人调查表　NO：__________） 与 S 组长的职场的 B 关系不好 A——27 岁，职高毕业，住单位宿舍，老实、沉默寡言、易怒，几乎没有朋友，7 年工作经验（S 的职场 4 年，Y 的职场 3 年），至今没有对支援工作厌恶过	支援是惯例 支援的内容——20 天（1 号 ~20 号） A 怒斥过 B 由于 B 的迟到耽误了准备工作 B 在 A 的前工序 B——28 岁，住在家里，技能一般，性格开朗	B——朋友多，最近 2 年无迟到、无缺勤 S——了解 A、B 的过去

2. 慎思决定（切记不可急于下结论）注：填入√、×、+、—、○等记号。在实施栏里实施为√，不实施为 ×

整理事实		事实中有无遗漏的地方或前后矛盾的地方	规定与方针	使用良好的常识与判断力			
相互关系	实施	考虑过事实间的相互关系了吗？找到问题的核心了吗？		目的	本人	职场	生产
可能采取的措施	√	1. 向 A 说明增产计划及支援的必要性	√	+	+	○	+
	√	2. 说明 A 最适合于支援的理由	√	+	+	○	+
	√	3. 拜托 S 组长让 B 能充分理解增产计划与 A 的支援间的关系	√	+	+	○	+
	×	4. 拜托 S 组长在 A、B 担当的工序间安排一名其他的员工	√	+	+	—	○
	√	5. 拜托 S 组长把 B 最近的工作情况告诉 A	√	+	+	○	+

3. 采取措施（不要推卸责任）

措施 No.	自己（责任）	他人（能力，协力）	上司（权限）	实施时间（时机）
1	√	不要	不要	1 周前
2	√	不要	不要	1 周前
3	√	S	不要	1 周前
4				
5	√	S	不要	1 周前

4. 确认结果（所采取的措施对生产（工作）是否有利）

项目＼确认时间	第 3 天	1 周后	2 周后	
成　　果	没有达成预定计划	与预定计划一致	超出预定计划	
态　　度	不明	没有醒目点	良好	
相互关系	不明	没有醒目点	良好	

5. 是否达到了目的　　达到了　　没达到

没达到的理由：

（措施不当的情况下，要反省在应用卡片时，哪个项目的应用不当并记入）

6. 所符合的基本要诀：主管要对问题防患于未然，即使发生了也要在问题变大之前及时进行处理

在处理过程中使用的项目、细目	
如果使用了就能预防的项目、细目	

——必须尊重部属的个人差异，设身处地为部属考虑——

〈练习问题〉

A 公司的总公司工厂，于今年的 4 月设立了以残疾人为主的作业部门，配置了班长（轻度残疾）。班组成员 8 名，重度残疾者（双腿麻痹，使用轮椅）2 人，中度及轻度残疾者共 5 人，健全者 1 人（Y）。

工作取得了预想以上的效果，几乎找不到班组成员间的问题，还算不错的开端。可是最近班长与 Y 之间关系不太融洽，Y 的时常离岗越来越引人注目了。

如果这样放任不管的话，就会给全班带来不良的影响，对生产的不良影响也在所难免——这就是工段长正面临的问题。

另外，这个现场的工作内容是从机械零件的加工、组装直到检查为止的作业。这个班担当的是检查作业。

班长的直属上司是工段长，工段长还管理着其他两个班（加工及组装）。

以上就是这个现场的概况。

请大家站在工段长的立场上，试着处理这个问题。（准备 JR 问题处理表）

那么，这个问题属于 4 种发生类型中的哪一种类型呢？

接下来就是卡片上的“决定目的”了。“目的”就是工段长感到困惑的事情——把问题反过来。而且重要的是，尽可能使用积极的、肯定的、具体的表达方式。

然后就是第 1 阶段了。

根据细目 1 进行调查：

班长—— 残疾人，腿断了，装有假肢，左臂轻度麻痹，28 岁，工作经历 9 年，已婚，高中毕业，有两个孩子（女孩），工作业绩良好，性格温和，只是在积极性方面稍微有些欠缺。

Y —— 29 岁，工作经历 10 年，已婚，高中毕业，有一个孩子（男孩），工作业绩良好，有积极性，对待事物喜欢品头论足。

关于细目 2：

Y 的离岗（无故）违反了工作规则，根据离岗时间可能会成为降薪的对象。

关于细目 3 ~ 4：

除班组成员 A 以外（重度残疾者）——在接受班长的作业指导时，经常会有想要得到照顾的情况，但因班长本人也是残疾人，所以难以启齿。

除班组成员 B 以外（中、轻度残疾者）——由于残疾部位的关系，作业方法中有很多不方便的地方。但通过班长的努力，使这些地方得到了改善，

由此，作业也就非常容易做了。虽说班组成员大多是残疾人，但想要自立地生活下去，所以特别不想要求照顾。

班组成员 Y 持有如下意见：因为班组成员多是残疾人，班长在指导中更有必要照顾对方，所以班长应由健全人来担任。

班长抱有如下信念：无论班组成员的残疾程度如何，除紧急情况外，不应该受到特殊照顾。此处看不出对 Y抱有什么特殊的感情，班长完全不知道 Y 的意见。

根据第 1 阶段的各细目掌握了以上的事实。按照“要掌握全部事实经过”来重新考虑一下，如何？让我们再一次按细目进行探讨吧。

接着是第 2 阶段了。

对以上的事实进行评价选择，把要与不要的作区分整理，然后明确掌握重要事实间的相互关系。那么，请考虑一些可能采取的措施吧。

从第 2 阶段开始，要以各位自身的判断为主了。

那么，请大家按照前面的人际问题处理表去做。

然后，选出若干个可能采取的措施中的一个进行评估确认第 3、4 阶段。这时，针对各阶段的细目，根据你设想的条件或期待的状态，进行评估确认并记录。

与人相关问题的解决表

（主管通过部属取得成果）

No.

问题的焦点				
问题的发生类型	预想到的	找上门来的	目　的	
	感觉到的	跳进去的	变更目的	

1. 掌握事实（要掌握全部事实经过）	做成本人调查表即详细地记载着个人过去纪录的卡片
迄今为止的事情经过	
规则、惯例	
与有关人员交谈	
了解其想法与心情	
全部事实经过	

2. 慎思决定（切记不可急于下结论）注：填人√、×、+、—、○等记号。在实施栏里实施为√，不实施为 ×

整理事实		事实中有无遗漏的地方或前后矛盾的地方	规定与方针	使用良好的常识与判断力			
相互关系	实施	考虑过事实间的相互关系了吗？找到问题的核心了吗？		目的	本人	职场	生产
可能采取的措施							

3. 采取措施（不要推卸责任）

措施 No.	自己（责任）	他人（能力，协力）	上司（权限）	实施时间（时机）
1				
2				
3				
4				
5				

4. 确认结果（所采取的措施对生产（工作）是否有利）

项目＼确认时间				
成　　果				
态　　度				
相　互　关　系				

5. 是否达到了目的　　达到了　　没达到
没达到的理由：
（措施不当的情况下，要反省在应用卡片时，哪个项目的应用不当并记入）

6. 所符合的基本要诀：主管要对问题防患于未然，即使发生了也要在问题变大之前及时进行处理	
在处理过程中使用的项目、细目	
如果使用了就能预防的项目、细目	

——必须尊重部属的个人差异，设身处地为部属考虑——

【参考】工作状态确认表

把主管的责任内容（请回忆一下 10 小时讲座的第一回中，在圆内记有各种责任的图），针对每一位部属，更具体更清楚地表现出来了。

主管使用 4 阶段法及基本要诀时，还必须根据这样的表，来清楚地掌握平时每一位部属的任务完成状况及现场纪律的维持状态。参考这张表，马上考虑一下各位主管及部属的责任内容。除此之外，部属个人的事情、健康、家庭、能力、适应性、近期职场的变更事项等，也有必要使用类似的表格来充分地掌握。

工 作 状 态 确 认 表

需保密 记录例：√：已采取了措施 / ？：有调查的必要 / △△：质量完成情况

主管通过部属取得成果

要告诉部属工作情形如何：明确部属应如何去做，指导部属如何做得更好

责任 作业员		量	质	成本	安全	维护	规章
赵一	基准	L 零件 500 个	± 0.2m/m				
	实状	√ 470 个					
钱二	基准	K 型零件 30 个	△△				
	实状		？ 不良 3%				
孙三	基准	R 材料 300 个			油压冲压机 （安全销）		
	实状				？ 偶尔忘了		
李四	基准	A、B、C 工作现场，各巡回 2 回			安全装置 点检担当		1 日 1 回 到办公室汇报
	实状						√ 偶尔偷懒
周五	基准					主电源开关 的管理	
	实状			？ 器材消耗多		得　当	
吴六	基准	M 零件 400 个	± 0.2m/m				
	实状	360 个	？ 不良 2%				
	基准						
	实状						

表现好时要及时表扬：注意发现与平时不同的表现，应能趁热打铁激励部属继续努力

——必须尊重部属的个人差异，设身处地为部属考虑——

关于研习会的准备工作

请各位学习者将自己工作岗位上所遇到的、而且是必须采取某些措施的人际关系问题，带 1~2 个到工作关系研习会中来，轮流报告，使大家都能有对照“工作关系”卡片上的全部内容加以实际锻炼的机会。请参照下列各项，进行充分的准备工作，以便收到良好效果。

①请提前 15 分钟到达会场，不迟到不早退，不使用手机。

②根据第一次研习会的内容，每一位学习者至少带来一个案例，过去处理过的问题或者现在正面临的问题都可以。

③学习者发言时，请把问题的事实情况简单描述一下，其他学习者可以针对该事实加以提问。

④这些问题仅限于在此次研习会上讨论，不要泄露出去。陈述问题时，一律不要用真实姓名。问题的主角最好是一位。

⑤所准备的问题不要写在纸上。其他学习者不要做笔记。

⑥讨论这些问题的目的，是用来使用工作关系 4 阶段法和搞好人际关系的基本要诀的技能，并不是对提出问题的人和所采取措施好坏的评判，因为实际上我们不可能掌握全部事实。

⑦所提问题最好仅是参加者与部属之间的问题，并且是近期处理的，如是以前的旧问题，事实很清楚的也可以。

⑧尚未采取措施的问题，或者仍处于悬案中的问题也可以；若是已采取措施，但仍没有收到良好效果的问题，也是很有参考价值的。

⑨如果是令主管长期伤脑筋的问题，不要带来，问题不宜太复杂，以免在研习会中花费过多的时间处理，而影响到方法的探讨，最初从小的问题开始研究，以便充分发挥思考能力，获得满意的处理结果。

附：历次研习会要点

第一次研习会要点

一、主管必备的五个条件

1. 什么是主管

TWI 所说的主管，不仅指的是职务分工制度上的组长、班长等人，也指在现场上实际管理着一些部属（员工），以及那些指挥或指导他人工作的人。

2. 主管必备的五个条件

主管的主要责任就是要解决自己所负责的现场的问题，使工作能够顺利、确实地向前推进，取得进展，而要完成这些任务，根据经验需要具备下面五个条件。

1）__________知识。

2）__________知识。

3）__________技能。

4）__________技能。

5）__________技能。

二、主管应善用部属

1）安装在工作现场的新机器会附有安装操作说明书，特别复杂的机器，会有专人负责说明，但是在主管下面，常有新分进来的员工，对于他们并未附有任何“说明书”，更何况他们不是机器，要比工作场所中的任何一台机器复杂得多。

2）现场管理人员必须认识到，只有通过部属的支持才能完成自己的任务。

3）为了争取部属的合作，有效地指导部属，就必须培养这方面的技能。

4）良好的指导乃是使部属能按照主管所希望的时间和方法，心甘情愿地去做主管希望他做的事。

5）问题是指主管必须采取某些措施的事——这种事若任其存在不加以处理，必定会对生产带来某种不良影响。

三、工作现场问题解决的 4 阶段法

对于处理工作现场的问题，有一种确实行之有效的方法，它是将我们的思绪引向正确方向的指南，但是只掌握这种方法还不能完全解决问题，它仅仅是指示我们应遵从的途径而已，我们应该在建立良好人际关系的基本要诀和 4 阶段法的基础上加以良好的常识和判断，才能收到良好的效果。

事例 1　李明的问题

某百货店为举办各种商品展销会设立项目小组。

项目小组里有位员工叫李明，专门负责商品展示工作。李明非常喜欢这项工作，也曾感到这是项有意义的工作。

然而，不知从何时起，他逐渐不太参加项目小组的工作了。由于他的缺席对项目小组产生了不好的影响，项目小组负责人亦多次提醒他不要无故缺勤。而李明却回答说：“该干的时候，我会干好的。有什么不可以呢？”

项目小组负责人为让李明能够真诚地配合而努力过，但事与愿违，李明并没有丝毫要改过的意思。

随着展示会的不断进展，李明所负责的商品展示工作愈来愈多，李明也开始马不停蹄地勤奋工作了。

对此，项目小组负责人认为：李明是因为自己喜欢的工作才不再缺勤的（这样好的工作表现持续了 2~3 个月）。

繁忙紧张时期刚过的第二天，李明又没来上班。于是，该项目小组负责人就断定：“他就是因为自己负责的工作告一段落了，又开始缺勤的，一定要找个机会教训教

训他！”便要求科长将李明调离该项目小组。

之后，当李明在项目小组一露面，小组负责人就劈头盖脸地说：“李明！你已不必留在项目小组了。你的事我已向科长汇报了，决定将你调离项目小组。”该项目小组负责人说完之后，拂袖而去。(讨论)

两三天后的一次午餐时，一位同级主管走过来，对该负责人说：“你对李明的处置有点太过分了。”事情是这样的：李明的父亲恰恰在商品展示工作告一段落的那一天因交通事故受了伤，李明由于要去医院，就匆匆委托同事“代请一天假”，可是那位同事却忘得一干二净。当李明来到项目小组时，以为负责人是知道的呢。(讨论)

第二次研习会要点

一、4 阶段法的复习

二、张强的问题与“工作关系”卡片的使用

(请仔细听，并依卡片顺序，参加讨论，将重点放在“掌握事实”上)

事例 2　张强的问题

某位现场主管在巡视现场时，发现张强不盖安全罩在操作机器。

于是，大吼道：“喂，张强！我不是一再强调，不盖安全罩不得操作机器么！”

(这位主管以前为同一件事，曾提醒过这位部属，因而按捺不住动了怒)

张强顶撞道：“要想炒我鱿鱼，干脆直说好了，别找茬训人！”

主管说：“你别动气，我不是说要解雇你，而是不让你的手被机器碾坏，因此才一再强调的。你老是鼓捣这台机器，我就想是不是这部机器有什么毛病？”

张强生气地说道：“好了好了，不用你管啦。”

主管思索道：“张强在车间里是数一数二的优秀员工，可现在为何发怒顶撞我呢？而他在操作机器时也太不注意安全了。昨天，因他的产品质量不好已提醒过他，就在 2~3天前还提醒过他产量落在别人后面了。张强到底是怎么了？的确，最近我说得稍微过火了点，但是我不能容忍不盖安全罩就操作机器这样的危险事件发生。”

主管说：“张强，今天下午我们好好谈谈，我会安排人暂时接手你手头的工作。”

(这位主管为何没有当场和张强谈呢？)

当天下午，张强来到了主管的办公室。

主管说：“来了，坐吧。张强，看来你有时认为我对你过于严格了。但这么误解我，我还真不太好受。看到你在干危险的事，以前曾提醒过你两次。最近，你的产量质量也未达标。我是希望你能多做出些成绩，当看到你操作方法这样危险，理所当然要制止。对此，我是不是该说说你呢？再有，我想了解一下，那台机器是不是有问题？你怎么总是不盖安全罩，将手伸进去呢？要是机器确有毛病，就应该交付修理啊。”

（这位主管在做什么呢？“确认张强的反常表现是否与机器有关？”）

张强说：“要照您想的那样我一次次地走到开关处，关掉电源，挂出 <正修理，请勿动>的牌子，我看您倒是有问题！您说我的产量低，我要是再将一半的操作时间用于不断地开闭开关，那就什么也甭想干了。您说我的产品质量不好，要不是不断调整这台机器，那就根本不可能出一个合格产品了。”

（看来张强一时半会不能冷静下来。此时，主管想要反驳的话当然是能说的，但主管是因为抱着与张强谈心的愿望所以才叫他来的，因而并未打断他的话）

主管说：“可是，张强你要知道，这并不是单纯违反安全规则的问题。你这样干，是要碾坏自己手的！”

张强：“您的意思不就是担心我的手真的伤了，会花公司的钱治疗吗！”

（主管从这句话中听出他或许是在金钱方面对公司有抱怨呢，还是一个借口呢？）

主管：“那倒是，确实会让公司花费的。但这件事有让你这样想的理由吗？”

张强：“怎么不是，有些人只是考虑钱啊。”

（看来张强好像对什么事在埋怨）

主管：“张强，你好像很在意钱，但你跟我说过也没什么可担心的了。前段时间，你正在盖新房，那你什么时候结婚呢？你若有家属，是绝不愿你受伤的。”

张强：“哼，我受伤？谁也不会担心的！”

主管：“那么，女朋友她不担心吗？”

张强：“她是谁？已经吹了！”

张强：“现在不会再有谁挂念我了。我的事她才不会惦念呢，她明明知道我在盖新房却与别人结了婚。现在，我只剩下盖了半截的房子！无论我发生什么事，也没有谁会关心我。我也不再需要赚钱、存钱了，一切都完了。”

主管默默地听着张强的倾诉。

主管：“那的确是不幸的，无论谁怎样安慰，都是令人痛心的。可你也要明白：人生即使有失意之时，也会有顺意之时！我想问问：你现在的产量与质量问题，究竟出自什么原因？我希望搞清楚，能不能帮助我呢？现在，我明白了你为何工作时心不在焉。可是，若没有什么别的原因你是不会做如此危险之事的。是不是机器有些问题？是否需要拆开修理？工具情况如何？”

张强回答道：“不是机器的问题，而是最近原材料没有以前那种好了。材料表面粗糙，稍一加工机器就会大量堆渣，只得用手清理。所以，才拆掉安全罩的。一来二去，就那么放着，也顾不上管它了。”

主管：“原因终于找到了，请协助我到现场查看一下原材料的情况。她与你分手的事，确实让人感到难过，但希望你振作起来！今天能向我说明原因，知道了问题所在，谢谢你的大力支持。”

主管回到办公室后，立即打电话给科长：“想见面谈谈原材料一事。近来原材料表面粗糙，我这里有位技术很棒的职工，因原材料质量不好直接影响了他的工作。”

案例讲述到此告一段落。

这位主管的目的是什么？	1．掌握事实 2．慎思决定 3．采取措施 4．确认结果

事　实	慎思决定 可能采取的措施	目本职生 的人场产	措　施

三、了解想法与心情的方法

不要与他争论；

使他表明心事；

不要打断说话；

不要过早结论；

不要独占说话；

做个好的听众。

四、学习者带来的问题（演练）

（请仔细听，必要时，请参加讨论）

第三次研习会要点

一、4 阶段法的广泛运用　（以医生看病为例）

第 1 阶段——掌握事实

- 问题发生前的事实——经历 —— 血压 ——体温——X 光照片——病历。
- 规则或惯例——医学上的知识——有无前例等。
- 与有关人员交谈——从家族、朋友或其他人处获得事实。
- 想法或心情——患者的心情、自我感觉的病状等。

如此，医生尽可能掌握全部事实。

第 2 阶段——慎思决定　诊断（医生的术语）

- 整理事实——收集所听、所见。
- 分析事实的相互关系——检查征兆、现象。
- 确认规定与方针——须遵守法规、职业道德或相关约束。
- 对患者的判断——有些病人经不起开刀，有些病人可能是患传染病。

切忌过早判断——医生必须慎重诊断。

第 3 阶段——采取措施　治疗（写处方——打针——开刀）

- 是否自己处置——如果是专科医生会由自己处置。
- 需要谁的帮助——有时需要护士或专家协助。
- 对上级人员——向更有经验的医生或医学专家请教，这样做并不是可耻的事。
- 时机——治疗时机非常重要，有些开刀手术要在患者身体恢复允许的时候，才能实施。

不要推卸责任——好的医生绝不推卸责任。

第 4 阶段——确认结果　（例如用 X 光照相等）

- 何时确认——视情况而定。
- 确认几次——视情况而定。

二、资深员工的问题与“工作关系”卡片的使用

（依卡片顺序参加讨论，将重点放在慎思决定上）

事例 3　资深员工的问题

某出版社校对科长对他的一位部属说“把校对原稿拿过来”，而那位部属却回答说“不愿意”，理由是把校对原稿放在家中了。并说：“不愿意在这里干了，请把我调回外勤部门去。”

由于连拿来校对原稿也被部属拒绝，这位校对科长十分生气。其实，这是一位资深员工，长年来一直在这家出版社工作，过去一直在做外勤。然而，因交通事故脚受伤，疗养了一段时期后，被调到现在的校对科来了。

本来只能领取病休补助，但自从到了这个岗位后，就开始领取以前同等水平的工资了。此后，脚伤痊愈，就要求回到原来的工作岗位，可是，鉴于校对部门工作忙碌，校对科长没有回应。

其实这位部属开始就不是很积极配合的态度，今天终于挑明不愿在这里工作了。对此，这个部门的员工也都在关注着事态的发展。

于是，校对科长判定：已经到了该采取措施的时候了。

他向部长汇报，要求惩罚这位员工，给予处分。而这位资深员工却向工会提出申诉。工会组织受理后，组织调查弄清了事实。

其实，这是在最初发生问题时，只要校对科长稍加了解，就能解决的事情。

这位资深员工在出版社干了将近20年的外勤工作，任劳任怨，其工作业绩是非常出色的，可他在被调往校对部门时，并未听到有关调动理由的任何解释与说明。只是公司为了避免因病休补助致使收入降低，而采取的临时措施。再加上，校对科长也不曾向营业科长了解过他以往的工作表现等。

其最终结局是：这位资深员工又返回了原来的外勤工作岗位。

这位主管的目的是什么？			1．掌握事实 2．慎思决定 3．采取措施 4．确认结果
事　　实	慎 思 决 定 可能采取的措施	目 本 职 生 的 人 场 产	措　　施

第四次研习会要点

一、研习内容的说明

我们在这里所做的，并不是要解决大家所带来的问题，而是要练习写在“工作关系”卡片上的4阶段法与基本要诀的使用方法。基本要诀可防止问题的发生。问题若已发生，就使用4阶段法。使用基本要诀与4阶段法可使主管的工作更加顺利。

二、女性领班的问题与“工作关系”卡片的使用

（请仔细听，依卡片的顺序参加讨论，将重点放在“采取措施”和“确认结果”上）

事例 4　女性领班的问题

在一家中型企业，一天，厂长将白主任叫到办公室，进行了一番交谈，决定今后可以开始起用女性担任领班。

即“按照适用于男性管理干部的规则，以工龄、能力为基础，考核提拔女性担任领班。男女领班拥有同等的权限与平等的晋升机会”。

目前，确实有个领班位置的空缺。白主任非常慎重地考虑了此事，并按照上级

的指示方针，谨慎地开始了领班人选选拔工作。结果，选拔了一位女性员工。当时，任命女性领班尚属公司有史以来的首次，凭借多年的工作经验，白主任预料到，新的尝试定会招致一些纠纷与阻力。

第一次任命女性领班，很可能引起男性领班及骨干员工们的不快。可这毕竟是厂长的意思，今后完全有可能任命更多的女性领班。这就是白主任目前面临的问题。那么，白主任对此事究竟应该做些什么呢？

白主任深入细致地思考了有关情况后，立即与每位男性领班及一些骨干员工进行个别的单独谈话，向他们说明情况，征得他们的配合。

这件事果然引起了强烈的反响。有些人听后坚决反对。而白主任则是尽量让大家把想说的话都说出来。经过努力，最终征得了大家一致赞同。这样，在该女性领班就任之前，基本上平息了波动，大家也接受了这位女性领班。

就在该女性领班上任前，白主任特意找她谈话："你是我厂的第一位女性领班，在今后的工作中，肯定会遇到这样那样的难题，但无论如何都希望你能意志坚强，不辜负全厂对你的信任与期望。同时，希望你能为今后的更多女性领班起到好的带头作用。"

在这位女性领班就任的前一天，白主任逐一与所有的男性领班、骨干员工再次确认，得知大家都表示接受这位女性领班了。

这位主管的目的是什么？			1. 掌握事实 2. 慎思决定 3. 采取措施 4. 确认结果
事　实	慎　思　决　定 可能采取的措施	目　本　职　生 的　人　场　产	措　施

第五次研习会要点

一、学员带来的问题与"工作关系"卡片的使用

（请仔细听，必要时，请参加讨论）

二、研讨效益的讨论

（请就下列问题，参加讨论）

- 使用基本要诀和 4 阶段法，在工作现场对于你们会有什么好处？
- 这种方法和要诀是否有助于你们处理问题而不打扰上级人员？
- 如果你们在采取措施之前掌握了全部事实经过，是否可以有效改善工作现场中的人际关系？
- 根据这些，你们是否会感觉处理人际关系时有了应遵守的基准？

三、主管与部属以外的人际关系

- 主管通过部属取得成果。
- 主管与部属之间融洽合作的程度，是衡量主管成功的尺度。
- 对待部属时，首先必须尊重他们之间的个人差异，设身处地为他们考虑。
- 此外，主管与其他人之间也应建立并保持良好的人际关系，仍然必须使用基本要诀，以防止问题于未然。如果发生了问题，务必首先想到运用 4 阶段法。一要"掌握事实"——掌握全部事实；二要"慎思决定"——不要过早结论；三要"采取措施"——不能推卸责任；四要"确认结果"——随时观察效果。最后看措施的实施是否有助于生产（工作）！

工作关系（JR）4 阶段法卡片

（JR 资料 1）

工作关系

主管通过部属取得成果

建立良好人际关系的

基本要诀

要告诉部属工作情形如何

明确部属应如何去做
指导部属如何做得更好

表现好时要及时表扬

注意发现与平时不同的出色表现
应能趁热打铁激励部属继续努力

对部属有影响的变动要事先通知

应该尽量说明变动的原因
设法使部属接受变动

充分发挥部属的能力

积极挖掘部属的潜在能力
绝不妨碍部属的发展前途

必须尊重部属的个人差异，设身处地为部属考虑

社团法人日本产业训练协会授权

工作现场问题的解决方法

决定目的

第 1 阶段——掌握事实

调查了解迄今为止的全部事情经过
有哪些规则与惯例
与有关人员交谈
了解其想法与心情

要掌握全部事实经过

第 2 阶段——慎思决定

整理全部事实情况
分析事实的相互关系
考虑可能采取的措施
确认有关规定与方针
明确其对目的、本人、职场其他人、生产（工作）会有何种影响

切记不可急于下结论

第 3 阶段——采取措施

是否应由自己来完成
需要哪些人的协助
是否要向上级报告
注意采取措施的时机

不要推卸责任

第 4 阶段——确认结果

何时确认
要确认几次
成果、工作态度、相互关系是否得到了改善

所采取的措施对生产（工作）是否有利

是否达到了目的

一般社团法人日本产业训练协会

中外 TWI-MTP 推进研究会

共同著作权经典教程

编号：TWI-JR No____________

培训证书

CERTIFICATE

TRAINING WITHIN INDUSTRY（TWI）

兹证明 ______________ 接受了中外 TWI-MTP 推进研究会（日产训中国）TWI-JR-TTT 资格培训师讲授的日产训版 TWI 普通班教程

特发此证

This is to certify that person named above has attended TWI training organized by Japan Industrial Training Association (JITA)

日产训中国 TWI-JR-TTT 资格培训师编号： 中国第 号

资格培训师签字：________________ 实施日期：______________

中外 TWI-MTP 推进研究会

(日产训中国) 会长 之印

中外TWI-MTP推进研究会会长之印

注：本证书无资格培训师编号，签字，无实施日期均无效

官网查询讲师姓名 **www.jitachina.org**

(上海能盟企业管理咨询有限公司)

四、TWI 工作安全 (JS) 学员练习手册

TWI—Job Safety Course

安全地进行生产是主管不可推卸的责任

目录

Ⅰ 绪　言

现代技术的进步以及产业界日新月异的变化，给各行各业均带来巨大的影响和挑战。

作为现场主管，为了应对持续的变化和挑战，顺利完成自己的工作任务，就要不断地学习掌握新的知识和技能，要勇于变革与创新，走在时代变化之前列。

越是处在这样激烈变革的时代，现场主管就越有必要系统学习掌握TWI训练的基础技能，因为它是现场管理的基本原理原则和技法。

一切进步都是建立在熟练掌握基本原理原则基础之上的，正因为是在变化激烈的现在，我们才更有充分的理由强调，现场主管必须完全掌握TWI。

TWI—JS（工作安全）是在1950年TWI被导入并开始运用于日本产业界之后，由日本政府指定社团法人日本产业训练协会在1968年自主开发的一门技能训练课程。50多年来，通过JS安全作业技能的训练，它取得了与TWI其他三个模块同样的巨大成果，它的科学有效性已经被众多企业的实践所证明。

各位主管，要协调与上司、同事以及部属之间的人际关系，要预防在职场上的、在生产过程中的安全卫生等各种问题的发生，首先要掌握和运用科学的方法。一旦事故灾害发生，要迅速地解决它并要知道今后怎样预防这些问题的发生。其实，当你确实掌握了TWI—JS（工作安全）的方法，并把它付诸实践时，就能够预防职场上事故灾害的发生，保障部属在生产过程中的人身安全，大家工作的积极性也会大大提高。

过去人们常说，“事业即人”，现场主管要起模范带头作用，让职场上充满自我启发、相互启发的风气，这也是大家的重要任务之一。

努力学习本手册，让TWI在你的职场上结出硕果吧！

Ⅱ 什么是TWI

TWI是第二次世界大战时，由美国军方的技术人员开发并普及的一种训练方式。自第二次世界大战后导入日本以来至今为止，除广泛应用于生产部门及服务部门以外，也被活用于各行各业的职场，且均取得了巨大的成果。

这种训练的基本理念是：

①尊重人性，即承认世间的每一个人都有存在的价值和尊严。

②用科学的方法，也就是要消除作业（业务）上的不合理、浪费及不均衡。

另外，TWI的基础训练（10小时训练）的特征是：

①定型化，标准化。

②通过讨论与实际练习来进行。

③与知识相比更重视技能，即相较于应知更重视应会。

④浅显易懂，有速效性。

TWI来自于下面英文单词的字头。

T: Training (训练)

W: Within (内部的)

I: Industry (企业)

Ⅲ 职场上常见的问题

职场上的问题是指主管必须要想些办法去解决的事，一旦放任不管就会给工作带来一些不利影响。

实际上，无论哪里的职场都存在着很多给品质（包括工作的质量）、生产（生产量、业务量等）、生产费用（经费、成本等）、安全（事故、灾害等）带来不利影响的问题。

不过，你有没有听说过“在我的职场没有问题，一切都非常顺利”等类似的话呢？事实上必须要意识到：说“没有问题”这种话本身就是大问题。

“熟视无睹”是指，如果没有问题意识，即使是问题就在眼前也会被忽视，而不会采取任何措施。最后，就会对生产（工作）的完成带来重大不利影响。

问题意识就是把问题当作问题来认真对待的姿态。

在正确掌握目标及现状的基础上，通过否定现状的思维方式来培养问题意识，就会对问题变得敏感起来。

如果是带着问题意识去正视职场，不仅对现在正面临的问题以及以前曾面对过的问题，就是对将来可能要面临的问题，也都容易觉察到了。

下面列出一些职场上的常见问题，请对照自己的职场，将这些问题中与你的职场相符合的问题项，用“○”做个记号。另外，如果你的职场还有其他问题，请另写出来。

①不遵守职场的安全生产规则。

②对安全隐患漠不关心，听之任之。

③不遵从上司的指示，无故离席或离岗。

④缺乏执行标准作业的意识。

⑤现场时常发生惊吓的状况。

⑥大伤虽没有，小伤不断。

⑦抱怨工作环境差，安全管理没人抓。
⑧职场全体人员士气低落。
⑨不按规定佩戴安全劳防用品。
⑩设备点检、安全点检走形式。
⑪可视化管理没有标准。
⑫危险源、化学品管理没有规范。

Ⅳ 主管必备的五个条件

1. 什么是主管

TWI所说的主管，不仅指的是职务分工制度上的组长、班长等人，也指在现场上实际管理着一些部属（员工），以及那些指挥或指导他人工作的人。

2. 主管必备的五个条件

主管的主要责任就是要解决自己所负责的现场的问题，使工作能够顺利、确实地向前推进，取得进展，而要完成这些任务，根据经验，需要具备下面五个条件：

(1) 工作的知识

这是关于每一位主管的职务或岗位所特有的知识，是为了能正确地完成任务所必备的知识。例如，在生产方面及服务方面，为了能准确地使用及执行作业标准、设备、材料、销售方法、客户接待方法等所必备的知识。

因为我们处在瞬息万变的技术革新时代，即便是做固定的工作，也要每天学习新的知识，并不断地累积，这是很重要的。另外，在开始新的工作，制造、销售新产品时，理所当然必须掌握新的工作知识。

(2) 职责的知识

这是作为主管所必备的有关责任与权限的知识，是为了按公司的方针、用工制度、作业基准、安全规则、岗位分工制度、业务计划、劳动合同等进行工作的知识。

这种职责知识，因公司、职场而各不相同，所以与此相关的知识，当然包括那些不同之处。

只要我们在职场工作，就必须按照职场的规定来尽职尽责。因此，就有必要充分理解自己承担的职责及相应的权限。

(3) 指导的技能

这是通过充分地培训员工，使其能出色工作的技能。

一旦掌握了这种技能，就会明显缩短从新手到成手的培训时间，并且还会大大降低以往新手到成手过程所产生的浪费、不良品及返修品，减少安全事故，减少工具、设备的损坏和客户的投诉等。

无论主管掌握了多少工作知识和技能，如果没有好的指导技能，也很难把它很好地传授给他人。另外，无论你怎样热心地教，只要对方还是没能掌握正确的作业方法，那也必须重新去指导。

(4) 改善的技能

这是通过细分作业内容进行研究，或是使作业变得简单，或是决定合适的作业顺序，或是把作业进行组合等的技能。

一旦具备了这种技能，就能比现在更有效地利用材料、机器、设备及劳动力了。

(5) 待人的技能

这是一种有助于协调人与人之间的关系，使部属乐意同心协力配合主管工作的技能。

如果主管每天都使用这种技能，就能协调与部属的关系，预防职场上人际关系纠纷的发生；而且，即使发生了纠纷也能很好地处理。这是一种能够了解个人，充分考虑情景，与部属一起心情愉快地工作的技能。

有关“工作安全”的具体内容，都汇总在一张卡片的正反面上了。

V 主管与安全卫生

(1) 主管的立场

主管必须按照公司的、工厂安全卫生的基本方针和计划，确保工作环境的安全卫生。为此,就需要理解安全卫生的责任和权限，并使之贯彻执行。

主管与公司经营者、管理者一样站在经营的最前列，而且主管处于和一般员工直接接触的位置上，又担负着增进双方理解与信任的任务。

如果主管工作不够得力，不能把经营者的经营方针、经营计划、指示正确地传达给现场的员工，就会造成工作的脱节。

主管被誉为承担“重要角色”的人，因此主管应做到：

- 熟知作业方面的问题点、困难性、危险性以及作业繁忙和松闲时的状态。

● 能够制定正确的作业方法。

● 知道过去发生过的事故、灾害。

● 掌握员工的能力、性格、长处短处以及其所关心和希望的事。

● 有同员工相似的经历和经验，因此更容易与员工加深沟通交流。

● 作为员工的直接上司，最能够敏感地反映部属的心声，因而也是推进安全卫生的最佳人选。

主管要充分地理解自己是承担着重要角色的，因此：

● 为达到对事故、灾害防患于未然，主管要发现事故、灾害潜在的危险性、有害性；对可能发生事故、灾害的一切隐患，要挖掘根源，找出原因，思考对策。

● 主管是安全卫生活动的推动者，要以身作则发挥领导力的作用。

● 主管要建立良好的职场团队，提高部属的安全意识，持续重视且不放松。

● 主管对职场各种状态不能掉以轻心，安全意识不能松懈，追求良好的安全作业方法。

(2) 主管的安全卫生责任

主管是生产现场最终结果的实际责任者，对安全卫生也负有责任。为了履行企业的安全卫生之责，在职场范围内，主管就是这项工作的推动者。

(3) 主管在推动安全卫生工作中的主要任务

制定安全的作业程序；

追求工作环境及设备的安全维护；

正确地指导员工的安全作业；

保障员工安全的作业配置；

提高员工的安全卫生意识；

指导在事故、灾害发生时的正确行动；

寻找事故、灾害发生的原因，防止再度发生；

检查工作现场的各种异常，消除安全隐患；

等等。

VI 防止事故的必要性

1. 从人道主义角度出发

如果部属在现场受了伤，当然会有各种各样的损失。对于受伤的当事人及其家属来说，就会造成精神上和肉体上的痛苦和负担：当事人的痛苦，家属的操心，额外的开支，当事人也有可能出现体力下降，甚至于智力下降等情形。在这里列出的负担及损失，虽然有些是能够核算成金钱的，但是从迄今为止的经验来看，工伤保险的休养补助费，以及公司追加的休养补助费、探望费等费用，是无法完全弥补事故所造成的损失的。所以，这里要强调防止事故是非常重要的！

2. 从经济角度出发

救出受伤者，加班，给受伤者的补助，工作安排的变更，培训替代人员，士气的降低，时间的损失，生产能力的下降，机械设备的损坏、维修，设备运转的停止，还有事故调查所花费的人力物力等，这些都是事故带来的经济损失。所以，这里要强调防止事故是非常重要的！

3. 从社会角度出发

对一般社会人员的直接损害，损害补助，公司信誉的降低，公司生存的危机，公共设施的损坏等，如上所述，事故不仅会给当事人及公司，也会给社会带来巨大的损害。所以，这里要强调防止事故是非常重要的！

●安全就是提前考虑对策，采取措施；而不是事故发生之后的善后处理。

当我们在自己的现场进行生产的时候，要时刻有意识的、必须要严格执行的事项就是安全生产。然而，尽管谁都知道安全是必要的，也认为它是非常重要的，但事故仍在发生，给人、给企业、给社会带来了损失。没有事故的时候，我们往往会忘记安全的重要性。一旦事故发生了，马上开始强调安全的重要性了，并且后悔为什么没有事先考虑预防措施呢。所以，人们常说“灾害是在你忘记它之时，悄然而至的”。

Ⅶ 灾害连锁的内容说明

1. 间接原因

A. 由于主管的管理不善而造成的原因

●计划、安排、指示、指导、点检、确认、报告、手续、联络商谈。

●作业标准、整理整顿的执行状况。

●作业环境、设备机械的保养状况、日常点检的实施状况。

●培训指导及安全卫生活动的推进状况等。

B. 由于个人因素而造成的原因

●年龄、经验。

●知识、技能、态度。

●身体状况、精神状况、健康状态、心理因素。

2. 直接原因——人的不安全行为、物的不安全状态

人的不安全行为以及物的不安全状态，即生产/作业中的危险现象，大多数是具体、可以清楚地看到的状况和现象，这是直接引发事故的原因。

●拆除安全装置、把手伸入正在运转的机器中。

●不使用劳保用品。

●摆放方法不正确、使用不安全的工具、速度过快等。

- 没有确保通道安全、没有设置安全装置。
- 对设备、机械的故障放置不管等。

3. 事故——在生产经营活动中发生的突发事件

妨碍正常行动、妨碍正常状态的异常行为/现象，具有引发事故、造成灾害伤亡的可能性，当其出现的时候称之为“事故”。事故通常会造成人员伤亡或财产损失，使正常的生产经营活动中断。

- 跌倒、碰撞、掉落、卷入。
- 触电、触及高温、爆炸。
- 接触危险物、有害物等。

4. 灾害——由事故造成的伤害，有人和物两方面的损害

- 不休假工伤、休假工伤、身体机能障碍、死亡等。
- 设备、机械、材料、生产的损失等。

运用安全作业的方法切断灾害连锁

海因里希的统计说明

海因里希是美国某生命保险公司专门研究灾害统计的人，他在安全教育方面也是世界上的知名人士。他的代表著作有:《防止产业灾害》《安全教学示范》等。根据海因里希的调查，得到了下列令人关注的数据。

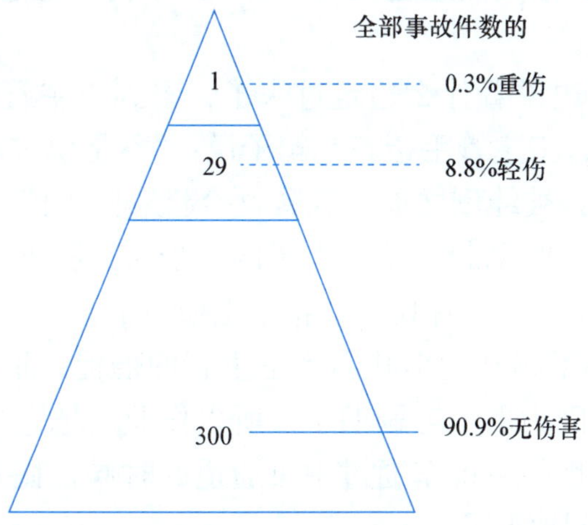

把这些数据按比例计算就是1 ： 29 ： 300。

即如果出现1名重伤者，就会有29名轻伤者，以及幸免于难的300人。

不能把安全统计与其他的统计看成是一样的。例如按上述统计，在330件的同种事故中，有一件是受重伤的，换种说法就是990 ： 3的比例。如果把它视作产品的不良率，绝对算不上是糟糕的数字吧。可是在安全方面，这一件就是问题了。

比如在330个奶油蛋糕中，即使只有一个是有毒的，那么谁会吃到呢？有判断力的人，为了不让任何人吃到，就会把这330个奶油蛋糕全部处理掉。因为发生事故的情况就是，人们会不经意地拿起这些奶油蛋糕放入口中。

这个统计，就是要教给我们上述的道理。

Ⅷ 包装室的故事（事故的原因）

这是个非常忙的现场，此现场负责产品的包装及发送。在这个现场上，除了王主管以外，还有10名作业员。搬运员小叶负责产品的搬运及包装材料的补给工作。清洁员小田负责清扫包装室，清扫工作要频繁地进行，方法是先把垃圾扫到一起，然后在垃圾箱近处的出入口旁边堆放，最后再把这些垃圾放到手推车上，打开出入口的拉门，放进垃圾箱。其他的员工不使用这个拉门。

情况是：大约两个星期前，拉门A的滑轮脱落不能开、关了。使用这个门的清洁员小田向王主管汇报了这个情况，但是王主管没有采取任何措施，这个状态就这样持续着。小叶受伤的当天，王主管接到上司的通知，说厂长会带领客户来参观现场。十点半左右，王主管在早上的工作结束后到该现场巡查时，发现了那堆垃圾，就吩咐小田说："可能马上会被厂长看到的，所以要立即把这堆垃圾清理掉。"因为王主管在看着，所以清洁员小田干劲十足地想一趟就把垃圾全部拉走，于是开始拼命地往手推车里装垃圾。王主管因为小田已经开始作业了，感到很满意，就把视线转向了别处，他看到中央通道上放着空箱子，空箱子是搬运员小叶暂时放在那里的，因为王主管经常告诫大家不要把东西放在通道上，于是他马上去找小叶，但没有找到。就在王主管等小叶回来的期间，他看到往手推车上装完垃圾的小田通过中央通道从拉门B走向垃圾箱，他突然想起拉门A坏了的事情，他想等整理好空箱子之后，必须要想办法解决才行。

不久，小叶和同事边说着什么边走过来了，看到王主管时不好意思地笑了笑，想尽快开始工作。这时，王主管手指着空箱子说："不是说过不可以在通道上放东西的吗？趁还没有粗心的人被绊倒之前，赶紧收拾起来！"小叶说完"对不起"之后，就急忙开始收拾了。当小叶拿起空箱子走了两三步时，脚下一滑，想找回平衡的小叶的左手撞在了作业台上，受了挫伤，空箱子也损坏了。

从事后调查的结果了解到，小叶因为王主管的催促，根本没有心思去看脚下，踩到毛刷上就滑倒了。因为那个毛刷旧了，所以作业员把它扔掉了，它被扫到垃圾堆里。当过度装载着垃圾的手推车通过中央通道的时候，在一块被修补过的地方颠簸了一下，毛刷就掉落到地上了。

包装室布局图

其他车间
拉门A
垃
圾
箱
作业台
中
央
通
道
现场说明:
1.
2.
3.
4.
5.
6.
7.
8.
计
量
器
拉门B
相关人物:
王主管 搬运员小叶 清洁员小田

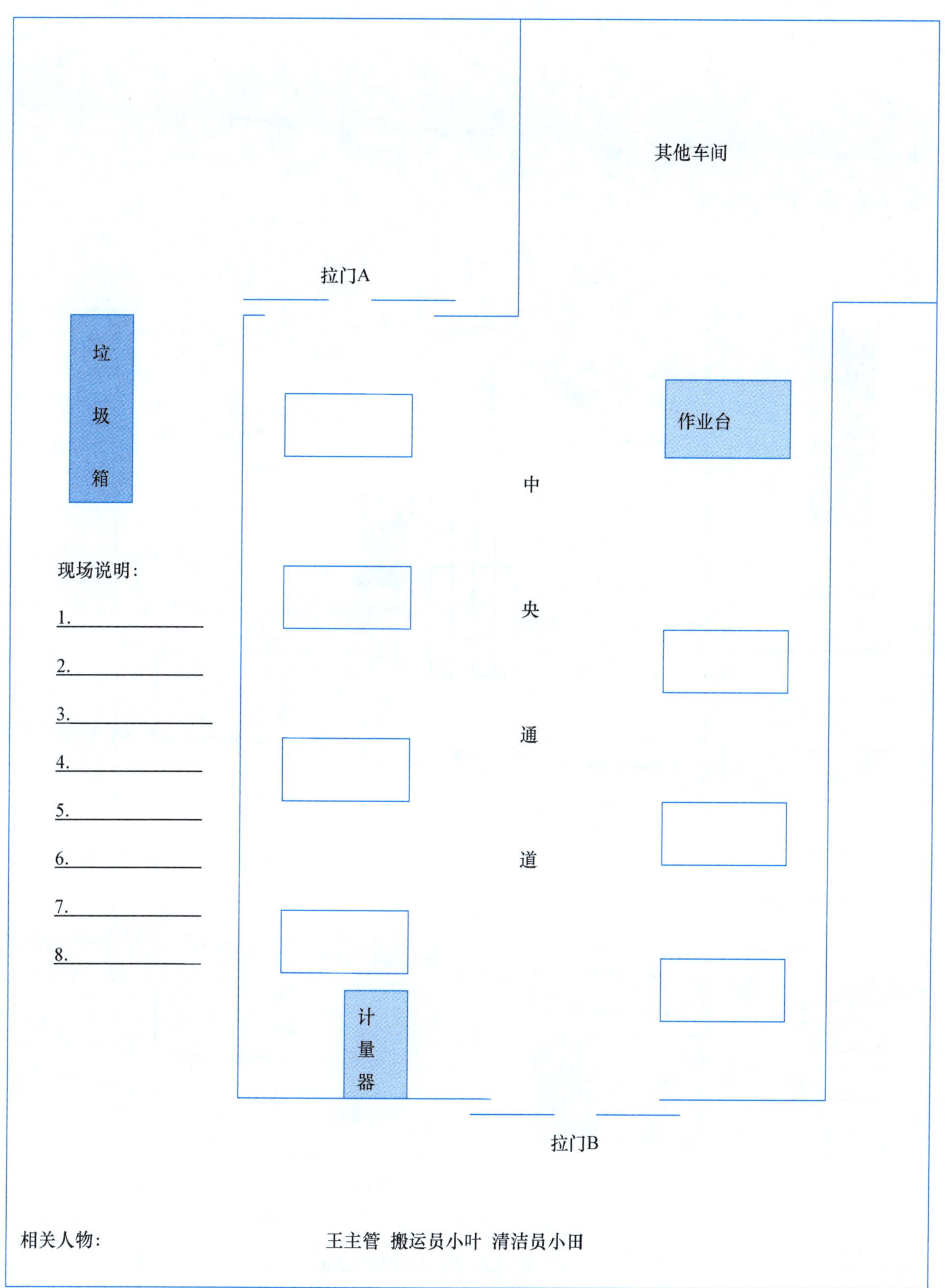

事故发生时的状况图

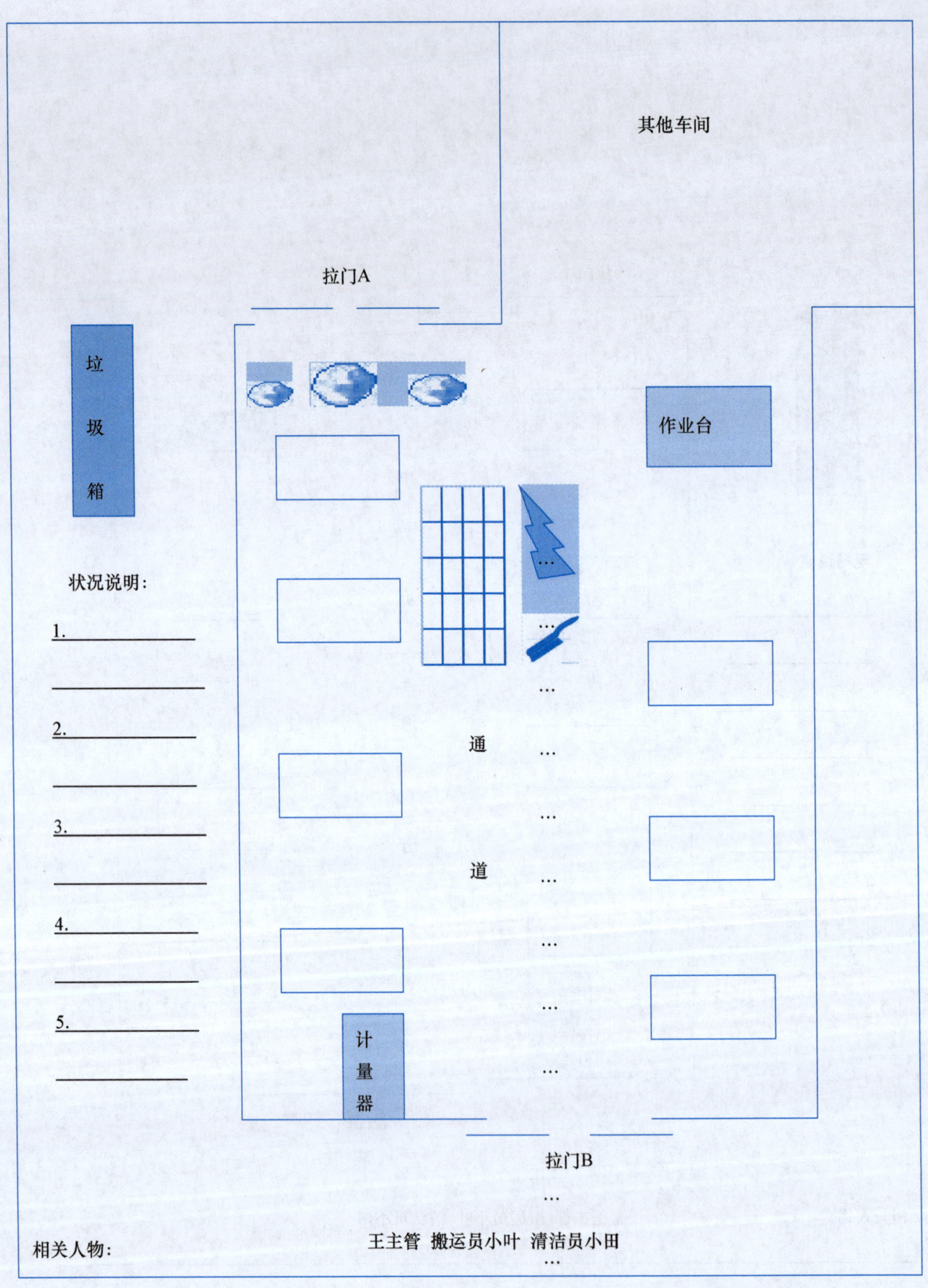

1.查明原因		2.思考决定	3.实施对策		4.检查结果
事　实	间接原因	直接原因 不安全行为·状态	事　故	灾　害
				人的： 物的：
	思考决定		对　策	

Ⅸ 安全作业方法（技能）的4阶段法

1. 4阶段法的意义

JS安全作业的4阶段法是：只要有部属在职场作业，不管作业的规模、形态有何不同，都可以运用这张卡片来进行职场的安全卫生管理，也就是说4阶段法是“安全作业方法”的基本原则。为了预防事故、灾害的发生，就必须按照以下的步骤、方法来进行职场的安全卫生管理。

第1阶段——查明原因

第2阶段——思考决定

第3阶段——实施对策

第4阶段——检查结果

安全作业的4阶段法就是对发现可能形成事故、灾害的主要原因建立计划，实施探讨。这也就是解决问题的方法。

第1阶段——查明原因

首先，必须事前发现可能形成事故、灾害的原因。所谓查明原因，即对于放置不管就会造成异常并形成事故、灾害原因的状态，要进行事先的调查。

为使主管能够事先查明原因，就必须按照卡片所规定的细目来做。

(1) 观察・调查・询问

● **观察**：主管必须掌握职场的真实状态。为此，必须通过自己切身的感受来观察职场的现状，特别是要用眼睛来观察。通过对职场的检查、巡视，就能掌握职场的真实状态及其异常情况等。

● **调查**：调查每个员工的安全记录和业绩，记在心中。

● **询问**：主管必须积极地与部属沟通交流，让他们充分地表达想法与心情。掌握了部属的这些情况后，就可能发现形成事故、灾害的原因。在掌握部属的想法与心情时，不要与其争论，不要打断说话，不要过早下结论，不要独占发言权，做个好的听众。这样能让部属表明想法与心情，从而达到主管掌握职场现状的目的。

(2) 从物到人全方位

重要的是：要通过对物和人两方面进行观察、调查、询问。

(3) 参照规则与惯例

能够形成规则与惯例的一定有它存在的理由。作为主管，要在精通规则与惯例的同时，对部属是否遵守进行确认。如果部属不遵守规则与惯例，则要让部属理解规则与惯例，并进行正确的指导。但是由于惯例是不成文的规则，在指导时需加注意。

(4) 安全意识不松懈

主管要有问题意识，计划性地思考事故、灾害的主要原因。问题意识及安全卫生意识是发现事故、灾害原因的前提条件。

问题意识产生于能否正视职场现状的基础上。为达到安全意识不松懈之目的：

● 不要安于现状，要否定现状、明确目的。

● 要积极思考：如果放置不管会造成怎样的结果。

● 发觉不妥的地方，思考为何不放过它。

● 要站在部属的立场、角度上思考问题。

(5) 事故风险要预见

主管必须透过表面现象（看似正常状态）来发现可能形成事故、灾害的原因。为达到这一目的，需要掌握过去的资料来分析现状，不仅要知道职场在安全方面有哪些弱点，还要能预见这些弱点是否会形成事故、灾害，从而发现可能形成事故、灾害的原因。

(6) 要追根寻源

这是涉及第1阶段所有细目的注意事项。主管必须牢记在心，不要被表面现象所蒙蔽，而是要深挖，找出形成事故、灾害的真正原因。

第2阶段——思考决定

在第1阶段中发现了可能形成事故、灾害的原因后，在第2阶段就要针对形成事故、灾害的原因思考对策。在第2阶段中并不只是思考有无实施的可能性，而是要广泛地思考有哪些对策。

(1) 分析原因理关系

就是要针对有无遗漏的原因，原因之间有无相互关联、矛盾的地方来进行分析整理。这时的主管并不是在脑子里想要怎么做，而应该写在纸上进行探讨，这尤为重要。如有不清楚的地方必须再次到现场，运用第1阶段的细目一个一个地再次观察、调查、询问。在整理原因的相互关系时，要抓住它们的因果关系。

(2) 要询问知情人士

在思考对策时，咨询一些有经验的人或专家，可以得到很好的启发。当然，知情人士也包括职场的员工，询问员工同样可以得到重要的闪光点。

如果能邀请部属一起参与思考对策，那么对提高职场的安全卫生更是有意义了。

(3) 要考虑多种对策

不要针对一个原因只考虑一种对策，而是要考虑多种对策。

在决定对策时，需要根据事态的紧急性、重要性来做决定。

(4) 要确认方针规则

在决定对策时，要注意必须确认是否违反公司的方针与规则，因为违反了公司的方针与规则的对策是无法实施的。主管要知道公司的方针与规则，同时，掌握上司的方针也是很重要的。

(5) 要制定第二预案

决定对策时不仅是决定一个对策，而是要考虑到由于各种情况，有些对策的实施需要一定的时间，所以要制定第二预案。

(6) 要自我反省

只责备他人而忘记了自身责任的情形是时而发生的。由于主管在工作中的管理方式方法会给部属产生很大的影响，所以主管要切记自我反省，这很重要。

第3阶段——实施对策

在实施对策时要考虑自己的责任、能力、权限和时机。

(1) 是否能自己完成

应该由主管自己来做的工作，就必须自己来完成。

(2) 是否要报告上司

超越了自己权限而对策无法实施时，主管可请求能做的人来做，即报告上司以求助上司的权限。但如果自己能做的事也推给上司，这就成了给上司添麻烦。

(3) 是否需求助他人

如果没有相关人员的理解、协助，只是一个人固执地去做，一个好的对策也难以发挥它的效用。特别是：得到部属的配合相当重要。

(4) 要立刻实行

对策决定后要立刻付诸行动，不要犹豫徘徊，杜绝由于对策实施的迟缓而造成事故、灾害的发生。

第4阶段——检查结果

对策实施后，检查结果相当重要。通过检查结果可以得知是否已经收到效果，或是否正在收到效果。

(1)是否已再三确认

对实施的对策要再三确认，特别是一些不能离开视线的对策要盯住不放。检查确认不应该是临时地应付，而应该是有计划地执行。

(2)是否已确实执行

要检查是否按照要求实施对策。确实是指效果的显现。

(3)是否原因已消除

通过对策的实施，必须确认形成事故、灾害的原因是否消除。

原因消除，即做到了对事故、灾害的发生防患于未然。

(4)是否隐患会再生

对策实施后，也会有很多新的可能形成事故、灾害的隐患。所以，主管一定要注意是否有新的形成事故、灾害的隐患。

有事故必有原因，消除一切安全隐患!

有事故必有原因，我们要消除一切安全隐患，防止事故、灾害的发生。

作为主管要领会［**安全**］中的一个重要原则，即［**一切事故均可预防**］这一道理。

另一个［**安全**］中的重要原则是：［**为了不让我们的员工、我们的同事受伤，主管必须要让员工们安全地作业。这是我们不可推卸的责任**］。

2.4阶段法之功效

(1)将卡片作为确认检查的表格来运用效果甚佳

这张卡片的两面记载着安全作业方法基本的要求。

为了防止事故、灾害的发生，主管应该做什么、应该怎么做，卡片都一一告诉了我们。可以说，卡片就是一张确认检查表。

(2)卡片可以为自我反省提供素材

主管可以把自己在实际安全卫生工作中所做的事和卡片进行对照，看看有哪些地方做得不足，以此进行自我反省。

(3)卡片有助于早期发现形成事故、灾害的原因

事故、灾害的潜在性容易被疏忽，通过对卡片每一条细目的运用，可以事先发现可能形成事故、灾害的原因。卡片是早期发现形成事故、灾害原因的线索。

(4)卡片有助于分析原因

一旦事故、灾害发生，可以通过对卡片细目的运用来分析原因，这样可以防止对形成事故、灾害原因的遗漏。

(5) 卡片有助于对经验上不足的反省及心有余悸的安全隐患的分析

运用卡片能发现由于经验上的不足造成的灾害，和让人感觉到危险隐患产生的原因。

(6) 有利于职场的点检

活用卡片，将卡片用作于职场的点检，可以发现事故、灾害的隐患。

(7) 运用卡片，促进沟通交流

通过对卡片的运用，可以加深与部属间的沟通交流，使部属坦诚地提出意见和建议，这不仅有利于早期发现可能形成事故、灾害的原因，更能形成一个良好、透明的职场环境。

(8) 通过对卡片的运用提高解决问题的能力

工作安全的4阶段法是消除安全隐患、防止事故发生的科学的方法。

运用4阶段法等于是在练习提高解决问题的能力。(参照后文所示卡片)

X 小宋的故事（物的问题）

（小宋的故事—1）

某电器厂零部件车间的组长，看了因人员调整将要转到该现场的员工的记录，准备要接收他们。看到其中一个叫小宋的员工的记录后，组长心想，来了一个不省心的人啊。根据这个记录，小宋参加工作1年半，在此期间发生了一次无假的工伤，以及一次有假两天的工伤。因此，这位组长就认为他是个有灾害频发倾向的人，必须要对他进行特别的训练指导。

这位组长对小宋的训练，从他来到车间的那天起就开始实施了。

小宋的作业就是：剥掉塑料电线的绝缘体后安装到产品上，再切成规格的长度后安装到插头上。规定要使用剥线器剥掉绝缘体。有两天左右，这位组长陪在小宋的身边让他作业，因为看他大体会做了，所以就让他一个人单独作业了。

就这样大概过了一个多星期，小宋的左手食指挫伤了。虽然作业规定要用右手使用剥线器，但是平时就没有被贯彻下去。小宋就是先轻轻地夹住塑料电线，然后边用左手的大拇指及食指压住剥线器的前端，边剥掉绝缘体的。受伤当时的情况就是，正当小宋想用双手将剥线器夹紧的时候，一位同事被拖过来的电线绊倒了，因为电线被拽了一下，他左手的食指一滑就被夹住了。原来，这个现场的通道不明确，而且电线就绕在作业台后面3米远处的卷盘上，在地上被随意地拖来拖去。

当时，小宋所使用的不是调过来时所分配的新剥线器，而是一个旧的、金属扣已经松动了的不好使的剥线器。

结果，小宋受的伤，虽然属于无假工伤，但也要7天才能痊愈。

（小宋的故事—2）

组长让小宋去做简单的工作，理由是小宋在以前的现场也发生过两次事故，是一个具有灾害频发倾向的人。组长认为这绝不是自身的责任，自己也无能为力了，于是想尽早地解决小宋的问题。小宋的工作，就委托有经验的老姜来做，让小宋去做现场的扫除及整理等工作。这样的变更，还不到一个星期，老姜又发生了和小宋一样的事故。组长对于接二连三的现场灾害，向老姜以及全体员工提出了严厉的警告。

在那之后，过了两三天，小宋来向组长申请调换工作岗位。组长立即向上司汇报了小宋的灾害事件，提出给他调换工作岗位的意见。

与小宋同时调入车间的员工们听了这件事之后，开始抱怨、不平，现场变得混乱了。这时，这位组长就向上司求助了。

上司调查的结果，明确了如下的事实。根据调查，小宋以前的两次事故都是在培训期的4个月之内发生的，在原现场的1年零2个月期间没有发生过事故。另外，在这个现场虽然规定了应该给新来的员工分配新的工具，但是老员工们却擅自使用新工具，让新来的员工使用旧的、不好使的工具。老姜受伤的时候，使用的就是小宋用过的那个又旧又不好使的剥线器。

关于物的心得

小宋的故事告诉我们：如果单方面过分地注重人，就会造成片面判断的结果，要从物到人全方位地进行观察、调查、询问。

尽管员工有安全意识，如果现场的物的状态不佳，就会面临发生事故造成灾害的风险。把这些不良的状态改善成易于作业的安全现场，是主管的责任。

主管一定要严格按照卡片“工作安全”这一面所提示的有关现场“物”的应有状态、放置状态、使用状态等全方位地进行判断。

1.查明原因	2.思考决定	3.实施对策	4.检查结果	
事　实	间接原因	直接原因 不安全行为·状态	事　故	灾　害 人的： 物的：
	思考决定		对　策	

XI 田小华的故事（人的问题）

（田小华的故事—1）

在某一个工厂，有一位叫田小华的员工。田小华有6年的工龄了，现在作为现场的主要骨干力量，干劲十足。这个工厂近几年来取得了迅速发展，与此同时，频繁地进行着作业方法和产品的变更，也有人员的增加及组织体制的变动。

某月中旬，田小华的主管从制作科经理那里接到了组织变更的通知：为了完善产品检验的合理化，从下个月的1号起，把原来属于实验科的检查组合并到制作科。

在两三天后的午餐时，田小华的主管听到部属们正在闲聊有关合并的事。

话题的中心是：由于这次变更要采用班长制度，谁将成为班长呢？在那些议论中，班长候选人也包含了田小华。不知道是不是心理上的作用，田小华本人的举止看起来好像对这件事也自我感觉良好，沾沾自喜。

虽然班长制度目前仅是个传言，但是这个传言以及田小华的举止让主管感到一些困惑。另外，通常关于这个变更在厂长宣布前是不可以随意发表议论的。该工厂迄今为止的惯例，是厂长提前2天宣布。

于是，田小华的主管在吃午餐时不露声色地用试探的口吻与田小华进行了交谈。

果然，心情很好的田小华讲了许多，甚至连没问他的事情也说了。他告诉主管，只要一升职就立刻打算结婚组建自己的家庭，大概在近期内就可以实现吧。到时候，还请多多关照。这样的谈话，田小华的主管几乎没能插上任何话。

当天下午，田小华的主管调查了有关田小华的记录，成绩很不错，也很有积极性，有很好的经历，没有发现什么缺点。主管进一步调查了田小华徒弟们的工作记录，这时发现了让人感到意外的事情。

正好在8个月前，田小华的2个徒弟相继都有过无假的切伤记录。

实际上，田小华的主管调到这个现场是6个月前的事，对于8个月前的事情并不了解。

于是，他马上找到受过切伤的2个人谈话。最初，这2个人都回避地说，8个月前的事情就不用再提了。通过主管的耐心询问，最终还是成功地问出了现场记录上没有写的事实。原来，正好在8个月前，公司也是为了提高生产要在制作科增设一个班组。那个时候也曾有过增设班长的传言，而传言的中心也是田小华。田小华本身也意识到了，也曾和他们说过这件事。后来因为增设班长没有实施，所以田小华很失望。田小华认为自身被认可的唯一手段就是靠自己来提高生产。当时作为徒弟的他们是出于同情才去帮他的，但是，过度地逞强硬干的结果是，2个人在作业中都受了切伤。

（田小华的故事—2）

田小华的主管第二天又找田小华谈话了。因为在昨天的谈话中田小华提到了要结婚的事，所以问了他结婚打算的状况之后，讲了变更频繁的现场的现状，请他参与安全方面的工作。最初并没有表示出关心的田小华，在接到被委托到安全管理员老白那里去学习的通知后，还是兴冲冲地去了。

安全管理员老白接到了田小华的主管的通知，针对现场预防安全事故的事项详细地向田小华作了说明，并教给他推进安全管理的方法。田小华精神百倍地回来，立即投入工作。他抽空就到办公室来，查看过去的事故记录及事故报告书等，而且自己还详细地做着记录。这样的状况持续了2天左右，田小华带着一副困惑的表情来到了自己的主管那里，说有不懂的地方想要请教主管。这是田小华迄今为止前所未有过的表现，主管非常耐心地和田小华一起调查相关的资料，并对田小华在对策中考虑不周的地方进行了修改。

方案完成后，主管和田小华一起把方案拿到经理那里，主管告知经理这是田小华的功绩。为了能够实施推动安全工作，主管向经理报告并申请下达指令。讨论的结果是，通过了安全管理的方案，并且决定实施。

被任命为实施负责人的田小华，这时主动向主管说了自己应该是没有资格的，因为8个月前2个徒弟所受到的伤害，大部分都是自己的责任。主管肯定了田小华的努力，并鼓励他继续推动现场的安全工作。

然后，主管召集了现场的全体员工，拿出了田小华的方案，说明了其必要性之后，明确地宣布田小华为安全实施负责人。同时，主管向经理提出了让田小华参加TWI培训的意见。

这位主管调查记录的时候，发现了8个月前的切伤事故，就与当事人进行了谈话，当认识到原因出在田小华的安全意识上时，马上将田小华的积极性引向了好的方向。

关于人的心得（待人的要诀）

主管的意识及管理方法，会对现场员工们的行为或者态度产生很大的影响，重要的是主管首先要进行自我反省。主管本身的姿态有时也会给现场带来浪费、不均衡、不合理、混乱，具体地说就是指示、配置、作业分配等的不合理，训练指导或者安全规则等的执行不彻底、走形式等。这些都会成为形成事故的间接原因。

人的行为是复杂的，人会因为时间、地点、状况的变化而变化。主管要充分了解现场的人，不要认为已经教过了、训练过了就完事了，一定要充分地观察和了解他们的性格，在适当的时候有必要个别地给予正确的引导和帮助。

主管一定要严格按照卡片“工作安全”这一面所提示的有关现场“人”的各种状态，全方位地进行判断。

1.查明原因	2.思考决定	3.实施对策	4.检查结果	
事　实	间接原因	直接原因 不安全行为·状态	事　故	灾　害 人的： 物的：
	思考决定		对　策	

Ⅻ 李成主管的故事（人与物的问题）

李成是冲压现场的主管。在这个现场有12台从40吨到150吨的冲压机，人员的编制是4名班长、24名作业员、24名助手。工作时间是两班倒的，一个星期换一次班，主管上长白班。

有一天，当李成主管巡视现场的时候，正用120吨的冲压机工作的杨天与其助手赵青的作业状态映入了他的眼帘。（见后文冲压机的说明图和操作杆的说明图所示）

操作杆的说明图：A．操作杆；B.轴；C.销子、操作杆销子槽的异常；D．操作杆的焊接部分（D处是2星期前操作杆裂开并焊好后的痕迹）。

这是实际发生的故事：

当赵青将手伸进去想要取出产品的时候，突然上模掉下来了，他双手的手指全部被切断了。杨天是像往常一样操作控制杆的，他完全不知道上模为什么会突然掉下来。只是，当上模掉下来的时候，杨天感觉到控制杆受到了异样的冲击。

异常时的处置

异常是指与平常的正确状态不同情形的事，是事故的预兆，或是指正在引发事故的状态。包括人的不安全行为及物的不安全状态，是指马上必须采取紧急对策的事态。

首先，重要的是要正确地掌握异常事态。了解异常事态，即在哪里发生的以及什么程度的事态，是正确处置的第一步。然后，就是着手消除异常。要判断：**“马上必须要做的事情是什么？”“之后再做也行的事情是什么？”**不难想象，突然碰到异常事态时，因慌张而无法进行适当处置的情景。紧急情况的对策，不应该影响以后的对策。为了避免在碰到异常时惊慌失措，平时就必须做哪些准备呢？

在碰到异常时，为了能立即采取适当的对策，就像故事中所讲的那样，平时的准备是非常重要的，也就是有备无患。一方面像这样去采取对策，另一方面要向上司报告并接受指示，或是根据情况，通过与相关人员、相关现场的联络，请求支援。一旦消除了异常事态，就要迅速地深挖其根源，防止同样的事态再次出现。

事故一旦发生，主管及现场的作业员就会惊慌失措，但越是慌张越是不知道自己要做什么。为了能在事故发生时镇定自如地采取对策，平时就有必要做好防止事故发生的准备。

冲压机的说明图

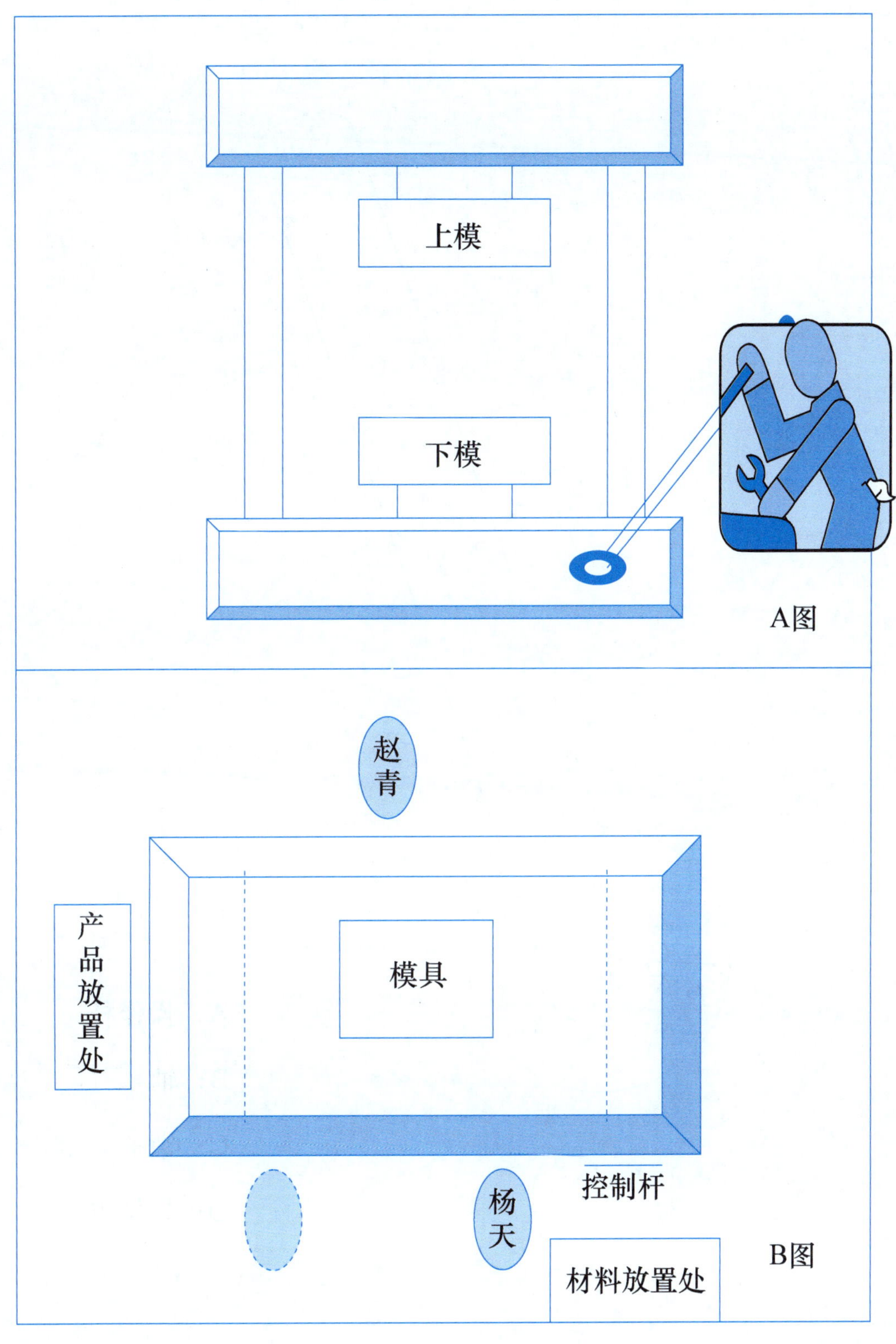

操作杆的说明图

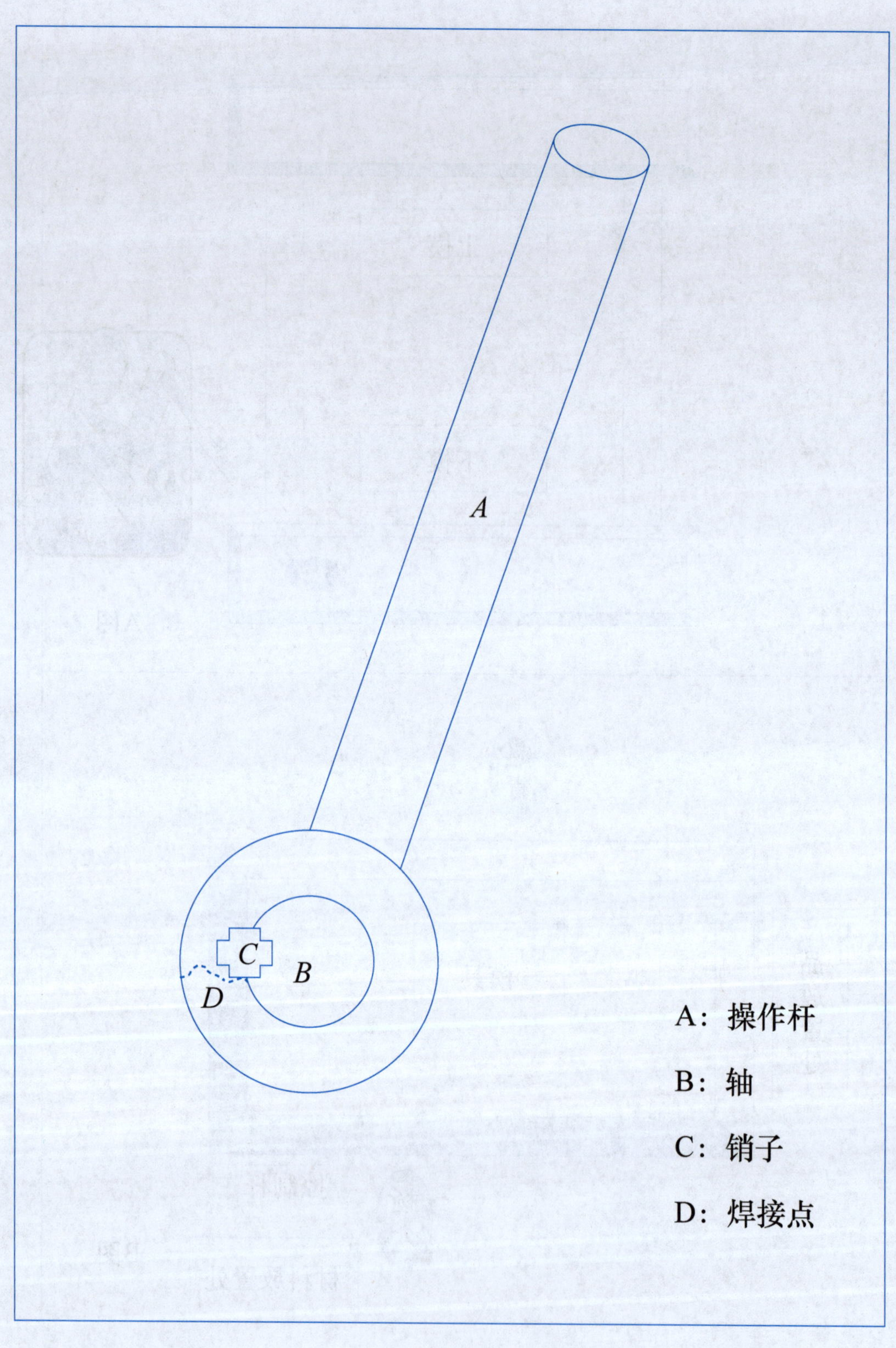

XIII 整理整顿的推进方法

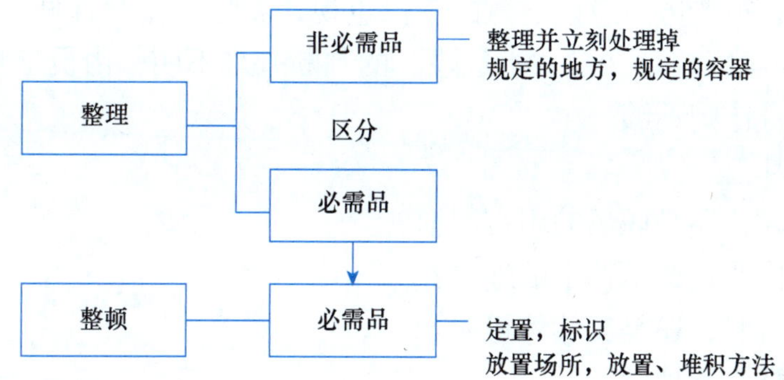

作业现场实施整理整顿

①制定职场的整理整顿基准。

让员工参与；

明确必需品与非必需品；

需处理的非必需品应放在规定的地方,放到规定的容器里；

必需品则要定置于拿取、使用、归还方便之处。

（员工不能判断要与不要时，主管应迅速作出决定，养成现场不放非必需品的习惯）

②以上基准应让全体员工知晓。

③职责的分担。

物（机械、工具、钢绳、栈板……）；

场所(职场的区域划分)。

④实施。

在产品切换时、下班时进行。

⑤在巡视现场时确认实施的结果。

发现有问题的地方随时指导，并帮助其进行改善；

将有问题的地方在职场布局图中标示，这样可以对改善起到促进作用。

XIV 规则的遵守

☆为何不遵守规则

不遵守已经“制定的规则”，大体有3种情况。

①不知道………知识缺乏，

②不会做………技能不熟，

③不去做………态度不正。

对于第③点：知道，也能做，而不做者，大都为态度不正（觉悟不高）的问题。

☆不遵守规则的原因

●主管的原因

①不能说明规则的理由。

②表面看上去很严厉，应该注意的事没重视，看见当作没看见。

③什么是“危险”、什么是“不危险”的判断基准不明，由员工自行判断。

④表率、以身作则不够。

●员工的原因

①是特定的人，还是职场的不良习惯？

②是特定的作业，还是特定的地方？

③是临时停机时，还是突然停机时？

④对规则的意义不理解。

⑤太烦了，原来就是这样的，轻视，习以为常。

☆“素养”的指导

A.说明规则“为什么”要遵守的理由。

●提高、发挥其思考辨别善恶的能力，传授必须遵守的知识使其认识。

●真诚地用事例来告知其过失造成危害的严重情景。

主管也应努力掌握能说明为什么的知识。

B.要严格严厉。

●不要看见当作没看见。

●要批评指责。

C.提升荣誉和自豪感。

●提高自尊感，持有荣辱感。

D.奖惩分明。

●好的表现要及时表扬，不遵守者使其注意，必要时予以惩罚。

E.要以身作则，模范带头。

●问候，打招呼。

XV 安全三原则

作为现场主管，如果不对现场的安全环境进行维护，安全是无法保证的。

●整理整顿——不折不扣；

●维护点检——仔细周密；

●标准作业——彻底执行。

这样才能消除安全隐患，杜绝事故。为了确保现场的安全卫生，我们一刻也不能忘记一定要严格按照卡片“工作安全”这一面所提示的安全三原则全方位地进行整理整顿、维护点检、标准作业各事项。

1.整理整顿工作场所

由于生产过程是动态的，原材料、半成品和成品不断地进出车间，同时还会产生不少副产品和废料、边角料，使作业现场环境紊乱，极易发生事故。因此，整理整顿工作场所尤为重要。

整理整顿，就是要有一个清洁整齐、有条不紊的作业环境，这是安全作业中最基本的条件之一。工作场所的物品要按“需要的”和“不需要的”分开，清除不需要的物品。其原则是，凡是生产活动所必需的物品和生产过程中的产品均为需要品，如机器设备、工具、各种原材料、辅助材料以及成品、半成品；除此之外的物品都属于不需要的物品，如垃圾和边角料等，都应及时清除。

如果工作场所垃圾满地，产品不分好坏到处乱堆，就会使人心情烦躁，增加心理疲劳，往往会发生碰、撞、滑、跌等事故。为避免这类情况的发生，就必须及时整理整顿。在工作过程中，要随时进行清理，以保持一个整洁有序的作业环境。下班时，对工作场所也必须进行一次全面整理。

2. 维护保养设备

如果一个人劳逸不当，就容易疲劳，需要考虑增加营养，注意休息，以保持充沛的精力，这样才能精神饱满地从事工作和学习。机器、设备也是如此，机器要按时清理、加油，始终保持润滑、清洁，开工前应进行一次检查，发现小毛病要立即“医治”，发现不安全的因素要立即排除；设备不要带病运转，更不能超负荷运转。现场员工要严格按照设备检查和维修的规定定期进行检查和维修及保养，让设备始终保持在安全正常的状态下运行。

3. 按照标准进行作业

遵守安全操作规程，不管谁操作，都能达到“安全”“正确”“迅速”“方便”的工作目标。内在含义是：

“安全”：不管谁操作，都不会发生事故；

“正确”：不管谁操作，都出同样成果；

“迅速”：不管谁操作，都能完成生产计划；

“方便”：不管谁操作，操作者不增加疲劳，工作时能得心应手。

XVI 结束语

关于时刻关注职场发生的问题，带着问题意识去工作的重要性，前面已经阐述过了。问题有很多种类型，从大的方面可分为两大类：（A）关于人的问题；（B）关于物的问题。

谈到关于人的问题，对每一名员工来说，为了完成任务，就要具备3个必要的条件。即：

①必要的知识；

②必要的技能；

③必要的态度。

首先，作为第一位的必要条件是知识和技能，如果知识不足、技能不熟，就不能很好地完成任务，就有可能出现工作延误以及品质差等“问题”。

解决员工知识不足、技能不熟这个问题时，可以使用“工作指导”的技能，只要指导正确，就能让他正确地工作。

其次，如果不具备态度这个必要条件，员工对待工作就有可能没有积极性，不遵守规则，或者由于不关心相互间的关系导致人际关系差，也会成为影响工作完成的障碍“问题”。

对于人际关系这个问题，可以通过活用“工作关系”的技能来解决。

谈到关于物的问题，由于难做的作业、费事的物品移动及搬运、烦琐的使用方法等情况，给品质、生产、成本带来了不良的影响，成了“问题”。

这个问题，可使用“工作改善”的技能来解决。

最重要的是工作安全所讲述的“安全就是提前考虑对策，采取措施；而不是事故发生之后的善后处理”。对于生产过程中的安全卫生管理，作为主管，要在繁忙的动与静的、人与物的运动中保障人们的人身安全，就一定要运用安全作业的科学方法，结合JI/JR/JM的工作技能来消除一切安全隐患。

以上的内容如下表所示。

职场问题与TWI的主要关系

职场的问题	解决问题的技能	TWI—4J的活用范围
关于员工的工作		
不理解	活用JI	使员工能理解作业， 也可以使他变得能干。 （也要活用JM、JR）
不会做		
不充分		
关于职场的作业方法及成果		
难做	活用JM	通过改善作业方法及配置等， 使作业变得轻松、易做、有效。 （也要活用JI、JR）
费事		
费力		
不习惯		
关于职场的人际关系		
没干劲	活用JR	预防与职场的人之间问题的发生， 或妥善地处理已发生的问题， 创造愉快工作的职场。 （也要活用JI、JM）
散漫		
人际关系差		
人员流动率高		
关于安全卫生的管理	活用JS	（也要活用JI、JR、JM）

注：JI：Job Instruction（工作指导）
JM：Job Methods（工作改善）
JR：Job Relations（工作关系）
JS：Job Safety（工作安全）

参 考 资 料

（含主要常用表格）

1.实施“工作安全”之际的提示与建议

通过以上的内容，大家已经了解了有关“工作安全”的相关知识,通过自身案例的练习，也理解了如何来运用安全作业的方法。接下来，大家就要根据已经掌握的相关要领在现场进行运用。因为安全作业方法的运用与“**工作指导、工作改善、工作关系**”有着密切的关系，所以现场的科学管理要综合地活学活用各项工作技能才能达到和完成主管的责任。无灾害的记录不是运气，是主管努力的成果！

①标准作业是安全的重要环节。为了能让员工安全地标准作业，离不开主管有计划地进行正确的工作指导。因此，主管需要掌握指导的技能，严格按照JI“工作指导”的卡片对员工进行训练。同时，作业分解中与安全相关的要点不能遗漏。

②根据JR“工作关系”中所提示的“工作状态确认表”，尽快建立员工的工作档案，特别是与安全相关的内容一定要详细记录。同时主管要理解自己的工作是通过部属来取得成果的，因此掌握待人的技能、及时了解和掌握员工的心情/情绪/态度等事项，对安全而言是非常重要的。

③在生产过程中，主管要随时注意现场的各种状况。人与物的各种动态变化都有可能会引发事故，所以，对作业的环境、作业的难易度及作业中人的劳动强度、身心状态等现场状况，主管切记要时刻关注。这样就需要主管根据JM“工作改善”的方法，有计划地选择对生产有影响的，特别是容易发生事故的作业不断地进行改善，运用改善的技能消除作业中的一切安全隐患。

④建立现场班组层面的安全活动体制。坚持长期的、有计划的安全小组活动，根据JS“工作安全”提示的“安全三要素”，确实地执行“整理整顿、维护点检、标准作业”。同时，对危险源的管理一定要落实执行到位，运用安全作业方法（技能）的4阶段法来消除一切安全隐患。

TWI是解决现场问题的重要工具

<table>
<tr><td>JI——工作指导的方法
训练预定计划
训练谁/何种工作
何时完成
作业分解
工具设备/现场准备
使其轻松/正确位置
清楚完整耐心地指导
主要步骤・要点・理由
确认其完全掌握
不断跟踪使其独立</td><td>JM——工作改善的方法
分解作业
记录作业全部细节
搬运・机械・手工作业
自问细节
为什么/什么/哪里
何时/谁/什么方法
构思新方法
去除/合并/重组/简化
实施新方法
理解—认可—执行—功绩</td></tr>
<tr><td>JR——现场问题的解决方法
掌握事实——现场・现物・现实
慎重思考——相互/因果关系
依据事实——考虑措施
判断措施的影响
①目的；②本人；③职场；④生产
决定措施——顺序/时机
采取措施——不推卸责任
责任/能力/权限/时机
确认结果——达到目的
时机/频次/人与生产</td><td>JS——安全作业的方法
查明原因——追根寻源
从物到人的全方位
观察/调查/询问/规则
思考决定——自我反省
分析原因——考虑对策
实施对策——立刻执行
责任/权限/能力
检查结果——预防隐患再生
再三确认——确实执行
5S—点检—标准作业</td></tr>
</table>

安全分析表

<table>
<tr><th>事实</th><th colspan="2">间接原因</th><th>直接原因
不安全行为・状态</th><th>事故</th><th>灾害　数字表示</th></tr>
<tr><td rowspan="7"></td><td colspan="2" rowspan="2"></td><td rowspan="2"></td><td rowspan="2"></td><td>人的：</td></tr>
<tr><td>物的：</td></tr>
<tr><td rowspan="5">对
策</td><td colspan="3" rowspan="5"></td><td>经费预算</td></tr>
<tr><td>元</td></tr>
<tr><td>时间</td></tr>
<tr><td>物质</td></tr>
<tr><td>其他</td></tr>
</table>

对策的实施计划

对策/No.	对策	实施者 是谁/对谁	日期 开始/结束	场所 在哪里	方法 怎样做	确认

对策的实施计划（记录例）

对策/No.	对策	实施者 是谁/对谁	日期 开始/结束	场所 在哪里	方法 怎样做	确认
1	让无行车运行资格的员工参加行车运行的特别讲座。无资格认定者不得运行	班长对员工	即日	现场	让员工参加公司内部及外部的资格认定讲座。 现场展示有资格员工一览表。 工作分配时只指定有资格员工作业。	班长
2	作业指示时，对安全作业的要点进行指导	班长对员工	即日	现场	指导在作业步骤中的要点、须唱票确认之处及发生问题时的对应方法。 采用提问的方式来确认。 利用不定期的现场班组讨论会进行确认。	班长
3	制定职场的5S基准并实施	班长对员工	7天以内	现场	让员工一起参加制定工作。 非必需品的确认→ 处理的地方、容器。 必需品的确认→ 放置的地方、放置方法、标识等。 明确分工，指定责任者。 在产品切换时、下班时实施。	班长
4	制定起吊用的钢绳（麻绳）的日常点检表并实施	班长对员工	10天以内	现场	让员工一起参与制定。 选定点检者。 责任者对其进行培训。 点检工作每天实施、确认。 有问题之处立刻按规定进行改善。	班长
5	实施确认时的唱票制度	班长对员工	20天以内	会议室	举行班组会议，强调唱票制度的目的。充分让大家发表意见，找出问题点。对能够实施唱票的地方进行确认并实施。 为持续贯彻唱票制度，在早会上汇报实施状况。 现场巡视如发现不按规定执行的员工，立刻要进行现场指导。	班长
6	对B员工实施安全卫生教育计划	班长 对B员工	根据计划	会议室	按计划实施，向（车间）安全卫生委员会汇报职场的实施状况（推进状况、问题点等），得到上级的指导及援助。	班长

现场点检表

职场　　　点检者　　　月　　日

项目	谁	何时	哪里	什么	怎么样（不安全行为・状态）	理由
材料・器材						
设备						
机械						
工装用具						
作业方法						
人员配置						
危险物・有害物						
作业环境						
能力的程度						
身心的状态						
作业态度						
作业时状态						
劳保用具的使用						
工具的使用方法						
人际关系						
其他						

现场点检表

状态/物		状态/人		部属性格
要破碎了	**材料·器材**	可能不知道	**能力的程度**	**恐惧型**
要滑掉了	是否规格品	可能不会做	行不行	轻视自己，对自己无信心，比较消极。生怕发生危险和事故。
要倒下了	材质，重量	可能没注意	程度	
要掉下了	形状，边缘，表面	可能在偷懒	是否过于夸张	
要碰撞了	作业中的废料	可能想蒙人	**身心的状态**	**小心型**
要夹住了	**设备**	可能在隐瞒	健康	特别关注小事，无全局观念。集中关注一件事而忽视其他的危险，从而引发事故。
要卡住了	是否狭窄	可能想睡觉	感觉	
要卷入了	凹凸	可能发脾气	思维方法	
要切断了	有无障碍物	可能在硬撑	期待，期望	**疏忽散漫型**
要损坏了	棚架，扶手，标识	可能会吞人	与平时有何不同	虽活泼，但不稳重。行为粗枝大叶容易引发大事故。特别是共同作业时会给对方造成危险。
要脱落了	踏板，下水盖	可能会吸人	**作业态度**	
要弹掉了	紧急通道	可能会吃人	投入性	
要扎到了	漏电，地线	可能会哭	是否按规定、规则	**紧张型**
要压碎了	绝缘，开关按钮，插头插座	可能会笑	不良的癖好	非常谨慎，动作不够灵活，缺乏状况变化的对应能力。特别是共同作业时会给对方造成危险。
要倒塌了	安全装置，制动机		漠不关心	
要绊住了	耗损，破损，脱落		粗暴性	
要打开了	动力遮断装置		服装	**神经质型**
要关闭了	墙壁，工作台，立柱，屋顶		**作业时状态**	总是焦躁不安，过于敏感，造成神经过于疲劳。
要脱离了	防火，保护，共用用具等		作业速度	
要蔓延了	**机械**		作业节奏	
要粘上了	安全装置，覆盖物		思与动是否一致	
要消失了	运转速度		是否过于谨慎	
要踏上了	耗损，破损，脱落		**劳保用具的使用**	
要颠倒了	部品，工装夹具		是否按照惯例使用	
要着火了	废油，废物		使用理由是否理解	
要触电了	检查方法		是否适用、实用	
要入眼了	注油，清扫方法等		**工具的使用方法**	
要烧伤了	**工装用具**		工具是否正确	
要跳下来了	是否使用正规的工装用具		方法是否正确	
要跳上去了	耗损，破损，脱落，变形		工具使用手势状况	
	有无代用的工装用具		有无代用的工具	
	整理，保养保管方法，数量		放置场所状况	
	作业方法		**人际关系**	
	身体重心，位置		与上司	
	动作的强度		与同事	
	顺序，速度，实际状态		与伙伴	
	人员配置		联络的状况	
	动作的状态			
	拿取次数与移动距离			
	场所的利用			
	危险物·有害物			
	是否数量正确			
	保管的容器和方法			
	气体，光线，粉尘，火情			
	可燃性物质			
	静电，化学反应等			
	作业环境			
	照明，采光，过暗过亮			
	温度，湿度，噪声			
	换气是否充分			
	废品的处置方法			
	非必需品的处置方法			

工作安全（JS）4阶段法卡片

（JS资料1）

工作安全

物： 材料・器材
设备・机械・工装用具　　・应有状态
作业方法・布局　　・放置状态
危险物・有害物　　・使用状态
作业环境

人： 能力的程度
身心的状态　　・不知道
作业态度・方法　　・不能做
劳保用具的使用　　・不能做
工具的使用方法　　・不去做
人际关系

接触： 人与物接触时的时机・状态

安全三原则

整理整顿・维护点检・标准作业

无灾害的记录不是运气
是我们主管努力的成果

尊重人性！究明原因！

社团法人日本产业训练协会授权

安全作业的方法

安全就是提前考虑对策，采取措施；
而不是事故发生之后的善后处理

第 1 阶段——查明原因

观察・调查・询问
从物到人全方位
参照规则与惯例
安全意识不松懈
事故风险要预见
要追根寻源

第 2 阶段——思考决定

分析原因理关系
要询问知情人士
要考虑多种对策
要确认方针规则
要制定第二预案
要自我反省

第 3 阶段——实施对策

是否能自己完成
是否要报告上司
是否需求助他人
要立刻实行

第 4 阶段——检查结果

是否已再三确认
是否已确实执行
是否原因已消除
是否隐患会再生

有事故必有原因　消除一切安全隐患

一般社团法人日本产业训练协会
中外 TWI-MTP 推进研究会

共同著作权经典教程

编号：TWI-JS No__________

培训证书

CERTIFICATE

TRAINING WITHIN INDUSTRY（TWI）

兹证明 ______________ 接受了中外 TWI-MTP 推进研究会（日产训中国）TWI-JS-TTT 资格培训师讲授的日产训版 TWI 普通班教程

特发此证

This is to certify that person named above has attended TWI training organized by Japan Industrial Training Association (JITA)

日产训中国 TWI-JS-TTT 资格培训师编号： 中国第 　　　　号

资格培训师签字：________________ 实施日期：______________

中外 TWI-MTP 推进研究会
(日产训中国）会长 之印

中外TWI-MTP推进研究会之印

注：本证书无资格培训师编号，签字，无实施日期均无效
官网查询讲师姓名 www.jitachina.org
(上海能盟企业管理咨询有限公司)